LE SURSAUT

Points de vue

Collection dirigée par Denis Pryen

Dernières parutions

Jules Djossou, *Chroniques politiques béninoises. Autopsie d'une démocratie en berne*, 2014.

Jean-Bosco Germain ESAMBU MATENDA, *Conflits identitaires et enjeux économiques internationaux dans la région des Grands Lacs,* 2014.

Serge TCHAHA et Christophe DEGAULE, *Le lion's spirit,* 2014.

SHANDA TONME, *La presse en accusation. Soupçons sur un pouvoir au-dessus de tous les pouvoirs*, 2014.

Armand SALOUO, *Vaincre la corruption en Afrique, la solution patrimoniale,* 2014.

Jonas SILIADIN, *Togo, démocratie impossible ?,* 2014.

Daniel NKOUTA, *La question nationale au Congo-Brazzaville*, 2014.

Georges MAVOUBA-SOKATE, *La construction d'une conscience nationale au Congo par les musiciens*, 2014.

Martine et Jean-Pierre VERNIER – Élisabeth Zucker-Rouvillois, *Être étranger en terre d'accueil*, 2013.

Grégoire LEFOUOBA, *Curriculum vitae du Congo, Rive Droite,* 2013.

Bastaine Yannick MOUBAMBA, *Mythe de l'eldorado et psychopathologie*, 2013.

Benoît Kouakou Oi KOUAKOU

LE SURSAUT

Pour le développement de l'Afrique
et le changement social

L'Harmattan

Du même auteur

Le métier d'Homme. Pour la formation, l'éducation, le développement intégral des jeunes et des acteurs sociaux, Paris, L'Harmattan, 2021.

La réussite paradoxale à l'école. Quand réussissent des élèves africains qui avaient peu de chance de réussir, Paris, L'Harmattan, 2016.

Éducation au métier d'Homme, Les Éditions Espérance, Abidjan, 2016.

De la Croix à la Gloire, Les Éditions Espérance, Abidjan, 2015.

Lettre à un ami jeune, Les Éditions Espérance, Abidjan, 2012.

La rencontre qui transforme TOUT, Les Éditions Espérance, 2012.

5-7, rue de l'École-Polytechnique – 75005 Paris
www.editions-harmattan.fr
ISBN : 978-2-343-25150-9
EAN : 9782343251509

À Louis-Marie KOUAKOU

La vie, finalement, c'est la lutte contre le mépris […] pour la reconnaissance […] Tout individu a besoin d'être reconnu dans son identité à travers la reconnaissance qu'il reçoit des autres et surtout de collectivités réelles. L'exclusion sociale et culturelle, le mépris sont ressentis comme une véritable violence, plongeant dans le désarroi tous ceux dont la vie et le sens des conduites se situent plutôt dans les manques, les faiblesses de la société et dont les actions manifestent plus un manque qu'un désir ou une aspiration.

(Paul N'DA, 2017, *Sociologie politique : pour comprendre ce qui se joue, se décide et se passe ici et ailleurs, avec sa géométrie variable*, Paris, L'Harmattan, p. 285)

Remerciements

Je remercie ardemment Pr Hugues KONÉ qui a accepté de faire la préface de ce livre.

Infiniment merci à Pr Pierre N'DA et Pr William YAVO pour la lecture, les critiques et suggestions.

Merci aussi à Dr Sidiki BAMBA, Dr Mahamadou CISSE et Dr Alfred KOUAMÉ pour la lecture du texte final et les observations avisées.

Sommaire

Préface

Le développement de l'Afrique est au centre des préoccupations de multiples acteurs à tous les niveaux depuis des décennies, en particulier depuis l'accession de la majorité des pays africains à la souveraineté internationale dans les années 1960. La décennie 1960-1970 avait d'ailleurs été déclarée « Première Décennie des Nations Unies du développement », dans un climat d'optimisme contagieux, en dépit de quelques voix discordantes, à l'instar de celle de René Dumont (1962, 1970).

Beaucoup d'eau a coulé sous les ponts depuis lors. Pour nombre d'observateurs, de penseurs, d'opérateurs du développement et la majorité de la population des pays pauvres, l'espoir d'un développement rapide, selon la vision dominante, demeure un mirage quand il n'a pas tourné au cauchemar, malgré des progrès indéniables. Le rapport final des Nations Unies sur les Objectifs du Millénaire pour le Développement (2015) reconnaît l'inégalité des succès obtenus et les insuffisances dans de nombreux domaines. Il note également que l'Afrique reste à la traîne. Mais de quel développement parle-t-on ? Toutes les sociétés ne passent-elles pas par les mêmes étapes, que ce soit celles définies par Walt W. Rostow (1959) ou celles du matérialisme historique de Karl Marx au XIXe siècle ? Le développement autocentré défendu dans les années 1970 est-il la solution ? À moins que ce soit la voie tracée par les Tigres d'Asie du Sud-Est ou les orientations d'essence libérale des institutions de Bretton Woods, etc. De toute évidence, le concept de « Développement » est polysémique, ambigu, idéologiquement chargé, et sa manifestation dans le réel est multiforme et difficile à mesurer, à évaluer, à apprécier tant sur le plan quantitatif que qualitatif.

Les bibliothèques, les librairies, les sites web et autres sources documentaires foisonnent d'une montagne d'ouvrages, d'articles, d'actes de colloques, de littérature grise et de débats sur le développement, celui de l'Afrique y compris. Plusieurs voix s'élèvent de temps à autre pour proposer des voies susceptibles d'accélérer la réalisation du développement. C'est le cas de celles qui, depuis les années 1950, soutiennent et démontrent que la communication est un facteur, une stratégie ou un outil essentiel du développement. Les agences de coopération bilatérales et multilatérales comme la FAO, l'UNICEF, le PNUD, l'OMS, la Banque mondiale, l'USAID et l'Union européenne, pour n'en citer que quelques-unes, ne sont pas en reste. Les gouvernements, les acteurs locaux et les chercheurs africains leur ont emboîté le pas.

C'est dans ce contexte de réflexion et d'action dynamique et multipolaire que Benoît Kouakou Oi Kouakou vient faire entendre sa voix à travers le présent ouvrage dont le titre invite à un changement de braquet : *Le sursaut. Pour le développement de l'Afrique et le changement social.* Le premier chapitre donne d'ailleurs le ton : « Penser le sursaut africain en vue du changement social et du développement ». La réflexion qu'il déroule est fondée sur le postulat suivant : « Les pratiques communicationnelles ont un effet puissant sur le développement d'une société donnée » (p. 27). Pour l'auteur, l'Afrique a besoin d'un électrochoc pour sortir de son long et profond sommeil afin de prendre son envol vers le développement durable. Il relève les freins au développement de l'Afrique, singulièrement les pensées obscurantistes et les complexes néfastes nés de la domination coloniale, qu'il faut déconstruire pour provoquer une prise de conscience et une révolte selon l'acception d'Albert Camus (1951). Il dénonce également le pillage et la strangulation économique que les grandes puissances pratiquent allègrement en Afrique. Il n'occulte cependant pas la nécessité de reconnaître les freins de l'intérieur au développement tels que la gabegie, la corruption, le népotisme et l'incivisme.

Benoît Kouakou Oi Kouakou se démarque des processus courants de la communication pour le changement social en vue du développement en proposant un processus en trois phases : en premier lieu, le réveil par un sursaut ou un électrochoc qui entraîne la prise de conscience ; en deuxième lieu, la révolte puis l'action ; enfin, l'éveil qui implique la veille stratégique appliquée à l'environnement en troisième lieu.

Il partage sa vision du développement de l'Afrique dans le deuxième chapitre. Ainsi, les domaines qui constituent les leviers du développement durable sont l'éducation, la santé, la recherche scientifique et l'industrialisation. Toutefois, affirme-t-il, ce développement, qui s'inscrit dans les Objectifs du Développement Durable, commence par l'unité de l'Afrique. La problématique de l'aide au développement et de sa gestion dans les pays récipiendaires ne lui échappe guère. À côté des acteurs gouvernementaux et non gouvernementaux, l'auteur fait la part belle aux jeunes qu'il considère comme l'espoir pour bâtir l'Afrique de demain. Il porte une attention particulière au secteur de l'éducation en se livrant à une analyse du système scolaire ivoirien et en proposant une éducation pour le développement de « l'Homme intégral ». Il fait ainsi écho à un malaise national qui a culminé avec la tenue des États généraux de l'éducation ivoirienne (2021).

Le troisième et dernier chapitre du livre appelle au sursaut à l'aune de systèmes de communication de l'Afrique traditionnelle. Partant de quelques proverbes africains et d'un conte comme exemples, l'auteur fait la démonstration que « l'Afrique de la modernité » peut puiser dans la culture et la communication traditionnelles ce qu'il faut pour opérer le sursaut et le changement subséquent. La communication pour le sursaut va mettre à découvert et à disposition les informations sur la situation sclérosante de l'Afrique afin de déclencher le réveil et la prise de conscience, l'action idoine et l'éveil. Alors, surviendra l'avènement de « L'Afrique que nous voulons » d'ici 2063, conformément à la vision des chefs d'État africains exprimée en 2013 dans le cadre de l'Agenda 2063 de l'Union africaine.

Ce livre est agréable à lire et s'appuie sur une vaste culture comme l'attestent les références à des auteurs de disciplines diverses (sociologie, économie, philosophie, communication, littérature, etc.) et à des personnalités politiques pour ne mentionner que ceux-ci. Les acteurs, tout comme les théoriciens du développement, ainsi que les étudiants qui aspirent à y contribuer après leur formation, pourront trouver de quoi renouveler leurs perspectives sur la question vitale du développement durable de l'Afrique.

Hugues Koné
Professeur Titulaire en Communication
Université Félix Houphouët-Boigny, Abidjan

Introduction

Une communication pour le sursaut et le changement social

La situation de l'Afrique ressemble à celle de l'homme de ce proverbe Agni[1] en forme de lamentation : « Je suis arrêté dans l'eau, et pourtant je meurs de soif ». Qu'est-ce qui empêche que, cet homme, qui meurt de soif alors qu'il est arrêté dans l'eau (fleuve, rivière...), ouvre simplement la bouche pour boire ? Mais, a-t-il même seulement le droit d'ouvrir la bouche et oser boire ? Que doit-il donc faire par instinct de survie, c'est-à-dire s'il ne veut pas mourir fatalement ? Le proverbe, qui est en réalité la fustigation d'une situation étrange, anormale et inacceptable, suggère le réveil de cet homme, appelle au changement nécessaire pour éviter l'issue fatale.

La situation de l'Afrique, disons le problème du développement du Continent, en effet, constitue l'un des paradoxes et l'une des incongruités difficiles à comprendre, à admettre ; c'est une préoccupation et un sujet de réflexion permanente. Que faire pour l'Afrique qui, bien que remplie de richesses humaines et naturelles, demeure pauvre et « étranglée » (René Dumont, 1980) à mort ? Telle est la

[1] Les Agni font partie du grand groupe Akan de Côte d'Ivoire. On les localise notamment à l'Est, au Centre-Est, et au Sud-Est du pays. Dans ce livre, le choix est volontairement fait de laisser le terme invariable, et ce, qu'il soit utilisé comme nom ou comme adjectif.

question cruciale qui se pose et qui oriente toute la réflexion dans ce livre.

On peut dire et même affirmer sans nul doute que le salut du Continent passe par un impérieux sursaut, avec tout ce que cela sous-entend en termes de réveil et de prise de conscience, de révolte et d'action, d'éveil et de veille stratégique. Ce sursaut doit être bien pensé et tactiquement mis en œuvre ; d'où la nécessité d'une communication pour le sursaut et autour du sursaut. La communication pour le sursaut s'entend ici comme une communication qui se saisit, s'empare des préoccupations de développement en Afrique et les révèle, les met à nu dans le souci, justement, de déclencher le processus du sursaut afin de parvenir aux inévitables changements au niveau des comportements individuels et collectifs.

Autrement dit, la communication pour le sursaut consiste à transmettre, à véhiculer les éléments, les aspects et la matière d'une authentique prise de conscience pour aboutir à un changement social perceptible et à un développement durable, pérenne, c'est-à-dire à « un développement qui répond aux besoins du présent sans compromettre la capacité des générations futures de répondre aux leurs » (*Rapport Brundtland*, 1987 : 40). Le changement social, dans la perspective et la vision de la communication pour le développement, doit être perçu et compris, comme un changement ayant un impact dans la vie des populations, des peuples. En ce sens, la communication pour le changement social s'appréhende comme un processus de dialogue à travers lequel les populations, en tant qu'elles désirent être entendues et reconnues comme des interlocuteurs dont le point de vue compte, définissent leur volonté et la manière de réaliser cette volonté. C'est dire que la communication pour le changement social instaure le cadre d'expression des aspirations des populations, y compris celles d'une démocratie et d'une vie décente.

Le présupposé est donc que ces populations ont une pleine conscience non seulement de leur situation, mais aussi de l'environnement et des contingences sociales sournoises, perfides, subtiles qui agissent souvent négativement sur cet environnement et les tiennent comme enfermées, prisonnières. Il s'agit, en fait, de situations insidieuses, généralement bien dissimilées qui les appauvrissent, les précarisent, puis les disqualifient, les excluent, les désaffilient, les déracinent, les relèguent, les marginalisent, les stigmatisent et leur dénient quasiment le droit à la participation de la construction du social.

Ce livre opte alors pour le dévoilement, c'est-à-dire pour l'analyse et l'exposition de certains aspects de la condition du Continent pour que nul n'ignore « ce qui se joue, se décide et se passe ici et ailleurs, avec sa géométrie variable », selon la préoccupation de Paul N'Da exprimée dans le sous-titre de son livre *Sociologie politique* en 2017. La communication pour le sursaut prend ici le sens d'une communication qui met à découvert et à disposition les informations nécessaires sur des situations sclérosantes et ankylosantes de l'Afrique. C'est donc l'action de communiquer sur ces situations, pour qu'elles suscitent, déclenchent le sursaut, en passant par la prise de conscience et le réveil des peuples en vue d'engager, en connaissance de cause, des actions idoines pour favoriser le développement durable, objet de nombreux discours.

Le livre s'articule autour de 3 chapitres : le premier chapitre est consacré à une réflexion théorique sur le sursaut africain, en fournissant les éléments constitutifs ou la matière de ce sursaut qu'il faut s'atteler à véhiculer, à transmettre, à communiquer ; le deuxième chapitre, plus pratique, concerne la mise en œuvre du développement durable à travers l'engagement d'acteurs sociaux décidés, déterminés, audacieux, et l'identification de domaines d'actions stratégiques ; le troisième chapitre, sous la forme d'une socio-anthropologie de la communication, plonge dans le modèle de l'Afrique traditionnelle avec sa manière de provoquer le sursaut à travers ses systèmes de communication dont l'art oratoire avec les proverbes et les contes pour une éducation par le divertissement.

Chapitre I

Penser le sursaut africain en vue du développement et du changement social

Lorsqu'une étude se donne pour objet le sursaut, avec comme finalité le développement et le changement social, elle tient pour postulat que les pratiques communicationnelles ont un effet puissant sur le développement d'une société donnée. Par pratiques communicationnelles, il faut entendre aussi les pratiques usuelles et symboliques des hommes (au sens anthropologique du terme) et des communautés. Il est loisible de se demander comment telle perception ou représentation sociale et telle situation sont-elles vécues comme une donnée sclérosante, paralysante transmise et reçue ? Et, comment cette donnée reçue bloque, détruit et anéantit la volonté et les actions de développement des peuples ? Comment, à travers un décodage de certaines pratiques symboliques – dont le sous-jacent révèle une mentalité corrompue – procéder à une déconstruction et une reconstruction des schèmes ? Comment donc penser une communication pour le sursaut et autour du sursaut dans la perspective du développement durable et du changement social en Afrique ?

Le développement de l'Afrique a besoin d'une sorte d'électrochoc pour se mettre véritablement en marche. C'est cet électrochoc que j'appelle sursaut.

> Le sursaut [...] est une sorte de réveil, réveil d'un sommeil ou d'une stagnation ou d'une résignation face à un fait, à un évènement. Il s'agit d'une lumière qui jaillit à l'intérieur et à l'extérieur pour déclencher une prise de conscience, laquelle donne un sens nouveau et provoque des résolutions et des attitudes nouvelles. (Benoît Kouakou Oi Kouakou, 2016 : 111)

Il y a chez tout homme un moment possible de réveil et de rebondissement, quelquefois spectaculaire. C'est qu'en tout homme, « Il y a toujours une zone vierge, aussi petite soit-elle, de laquelle le pessimisme et le découragement n'ont pas encore eu raison : une zone épargnée comme de façon mystérieuse » (*idem* : 112). C'est de là qu'il ressurgit et se remet en marche, avec plus d'élan. Dans cette optique, le sursaut peut aussi s'appréhender dans une perspective d'instinct de survie et comme un processus qui déclenche la production d'une décharge adrénalinique.

Le sursaut peut être pensé, appréhendé en 3 temps ou étapes : telle est la substance de cette partie de l'étude.

1. Le réveil et la prise de conscience

Le réveil du long sommeil de l'Afrique est une urgence vitale. Le temps est venu pour le Continent de se réveiller de son sommeil profond de découragement et de désolation, et quelquefois d'indolence, de mollesse, d'inertie. Comme l'indiquait Matata Ponyo Mapon, le 18 novembre 2020, dans les colones de *La Tribune*, « Soixante ans après les indépendances, l'Afrique a besoin d'un nouveau sursaut »[2]. Pour ce faire, l'ancien Premier ministre de la République démocratique du Congo jette un regard rétrospectif sur l'évolution du Continent africain. Il part d'une interrogation profonde, grave : « Il y a plus d'un demi-siècle, 37 colonies africaines accédaient à l'indépendance [...]. Plus d'un demi-siècle après, où en sommes-nous ? L'Afrique a-t-elle progressé ou régressé ? ». Il donne lui-même la « décevante » réponse à sa question :

> Selon l'ONU, l'Afrique compte à ce jour le nombre le plus élevé des "pays les moins avancés du monde", soit 33 sur 47 [...]. À la fin des années 1960, le PIB par habitant se chiffrait à environ 1055 dollars. Soixante ans après, il est seulement à 1663 dollars, c'est-à-dire qu'il n'a même pas été multiplié par deux. Les espoirs de voir l'ensemble des pays africains accéder au rang de pays émergents ont été repoussés de 2030 à 2060.

Matata Ponyo Mapon continue en faisant une comparaison avec les pays d'Asie du Sud :

> Les comparaisons avec l'Asie du Sud sont particulièrement cruelles. Exemple avec la Corée du Sud qui faisait partie des pays les moins avancés (PMA) dans les années 1960 et qui aujourd'hui, au même titre que les États-Unis, le Japon, le Royaume-Uni, l'Allemagne, l'Italie et la France, affiche un PIB par habitant supérieur à 30 000 dollars.

---

[2] Matata Ponyo Mapon, « Soixante ans après les indépendances, l'Afrique a besoin d'un nouveau sursaut », *La tribune*, https://afrique.latribune.fr/think-tank/tribunes/2020-11-18/soixante-ans-apres-les-independances-l-afrique-a-besoin-d-un-nouveau-sursaut-862545.html, Consulté le 17/07/21.

Puis, il sonne l'alarme en termes de réveil, de sursaut :

> Le Continent a véritablement besoin d'un nouveau sursaut soixante ans après les indépendances [...]. Pour ce faire, nous devons passer une nouvelle étape, franchir encore un nouveau seuil. Il faut inventer une nouvelle philosophie, des nouvelles modalités d'action [...]. L'Afrique a besoin d'un plan « *Leadership et Gouvernance* » pour d'abord poser les fondations du progrès et de la prospérité qui lui manquent cruellement.

Et Matata de décliner les piliers de ce plan « Leadership et Gouvernance » :

> Le premier pilier, c'est celui de l'édification d'un État stratège qui soit en mesure de prendre des décisions d'envergure, des décisions claires, et de les faire appliquer et respecter [...] Le deuxième pilier [...], c'est celui des conditions d'obtention et d'exercice du pouvoir. L'Afrique ne peut plus souffrir du manque de transparence dans ses élections et de la contestation, parfois violente, qui en résulte.

À coup sûr, le temps est venu de se réveiller, d'ouvrir les yeux, pour ne pas les laisser fermés sur la décevante situation du Continent, de peur d'en faire un état immuable, une situation fatale ; le temps est venu de quitter l'engourdissement, de guérir de l'ankylose ; le temps est venu de se lever, de s'étirer les membres et d'avancer résolument avec élan, enthousiasme. Le temps est aussi venu de rompre avec une fatalité de l'Africain, plongé dans une dictature de la pensée imposée par la colonisation et durablement installée, source d'un ensemble de complexes dont il faut se libérer. Le temps est venu de déconstruire les percepts et les affects.

L'Afrique et l'Africain ne sont pas maudits ; la race noire non plus. « L'Afrique n'a jamais été pauvre, elle a été distraite par d'autres civilisations. Le moment du réveil des consciences et du changement des mentalités est venu », disait le Chef de l'État burundais, Évariste Ndayishimiye[3], le 2 novembre 2020, lors de sa visite en Guinée Équatoriale. Pour lui, c'est le « complexe qui nous pousse à toujours aller nous prosterner devant nos anciens colons pour [les supplier de] nous libérer alors que nous sommes libres ». Puis, le Président burundais de lancer cet appel : « Jouissons plutôt de notre liberté en étant responsables comme eux aussi ils jouissent de leur liberté ».

Le temps est donc venu de se réveiller pour affirmer crânement que rien, absolument rien, n'est jamais joué d'avance, ficelé inexorablement, au point que l'Afrique et les Africains n'aient plus de place et de rôle de premier plan à jouer dans le concert des nations. L'Afrique a bel et bien sa partition à jouer. Il faut se réveiller et se libérer des pensées obscurantistes, criantes et paralysantes ; se réveiller pour réaliser que le temps est plus que jamais venu de prendre conscience de l'impérieuse nécessité de mettre en avant l'autodétermination de l'Afrique et des Africains. Si « l'Afrique était bien morte de son sommeil », comme l'écrit le philosophe et poète ivoirien Jean-Marie Adiaffi (1980 : 10), il convient de lui appliquer l'électrochoc salvateur pour la réanimer, la ramener à la vie. « Tape-lui sur l'épaule par amour, tu verras son corps calcaire se disjoindre à perte de vue. », conseille Adiaffi (*idem*). Le

---

[3] Enock Bulonza, 2020, « Evariste Ndayishimiye : L'Afrique n'a jamais été pauvre, le moment du réveil des consciences est venu », *Le Nouvel Afrik.com*, https://www.afrik.com/evariste-ndayishimiye-l-afrique-n-a-jamais-ete-pauvre-le-moment-du-reveil-des-consciences-est-venu, consulté le 15/07/21.

réveil de l'Afrique créera, pour sûr, un boom tout azimut : boom culturel, économique, etc.

C'est certain, l'Afrique, loin d'être la terre maudite, est le Continent de l'avenir. Il faut se réveiller pour en prendre conscience. Christian Gambotti, (2014 : 72) explique :

> Le dynamisme, la créativité et l'optimisme sont aujourd'hui du côté de l'Afrique, devenue une sorte d'immense laboratoire qui possède tous les atouts de l'émergence et où se joue l'avenir de la planète. Bien entendu, la réalité de l'Afrique est complexe et les obstacles, sur le chemin de l'émergence, sont nombreux, mais le Continent s'inscrit, de façon accélérée, dans une dynamique pleine de promesses.

La prise de conscience indique, en fait, une (ré)appropriation, c'est-à-dire une prise en main, de sa propre conscience. Autant dire qu'elle décrit l'état de l'individu-sujet « capable de prendre en main son propre destin, d'assurer la nécessité d'être seul maître de son existence, de sa survie », de même que l'état de la société-sujet « qui n'abdique pas ou ne brade pas sa souveraineté dans les bras d'une autre nation, fût-elle plus développée, plus puissante matériellement ». Un individu-sujet et une société-sujet qui disent, parlent « conformément à [leur] volonté de liberté, de démocratie, de justice, de paix », et qui crient pour faire entendre leur voix et affirmer leur légitime volonté de faire leurs propres choix, de suivre leurs propres voies, « sans interférences, encore moins d'ingérences manipulatoires ». (Benoît Kouakou Oi Kouakou, *op. cit.* : 174-175).

Se réveiller, prendre conscience, c'est aussi puiser dans son intelligence, tout en abandonnant certaines conduites qui frisent le manque de maturité. À cet effet, on peut lire sur le réseau numérique Facebook[4] une publication, certes assez dure, mais qui ne manque pas de lucidité. L'auteur donne sa définition caricaturale de la « Société d'Afrique noire ». Avec la métaphore des deux vaches, il explique :

> Tu as deux vaches, tu les abats le même jour et tu rêves que des donateurs ou la communauté internationale t'en donnera d'autres. Tu te rends dans une église ou une mosquée pour prier Jésus ou Mahomet pour qu'ils t'en donnent d'autres. Tu fais 40 jours et 40 nuits sans manger ni boire pour que les vaches tombent du ciel.

Le texte se poursuit :

> Tu cherches les passages qui parlent de vaches dans la Bible ou le Coran et tu lis pendant de longues nuits avec un pasteur ou un iman espérant voir les vaches apparaître. À la fin et à force de lire la Bible ou le Coran, tu deviens un prophète de la bonne nouvelle des vaches qui viendront bientôt. Tu meurs pauvre dans une misère extrême.

À la vérité, la prise de conscience constitue un véritable processus pour aboutir à une certaine transformation. Elle s'attache à réveiller la conscience sur sa propre réalité, sur sa vitalité, sur ses valeurs, ses croyances et ses aspirations. Paulo Freire (2007) distingue trois niveaux de conscience : la conscience magique (degré de conscience le plus aliéné, où le monde est compris à partir d'explications mythiques ; l'état où l'individu reste passif devant ce qui lui semble impossible, s'avouant vaincu et se comportant comme tel) ; la conscience naïve (degré où l'on observe une rupture du silence devant ce qui se passe dans le monde, mais avec ceci que le discours reste manipulé, dirigé par d'autres ; donc un

---

[4] « Société d'Afrique noire », https://www.facebook.com/fernandkaley22/posts/361722125354991, consulté le 5/06/2021.

réveil entaché d'obscurité, mais assez suffisant pour amener l'individu à soupçonner la vraie raison de l'ordre des choses et de la réalité) ; la conscience critique (degré qui aboutit à l'action).

Le processus de prise de conscience permet donc de parvenir au niveau de la conscience critique. Laquelle donne la possibilité d'une nouvelle représentation des choses et des faits. Elle amène à interpréter ces choses et ces faits en recherchant les causes et les circonstances qui occasionnent leur émergence. Autant dire qu'elle recherche les logiques sociales des phénomènes ; donc les mécanismes de production des faits et des situations observés ; autrement dit, la manière dont les faits viennent à l'existence, leur condition de surgissement.

La prise de conscience ainsi appréhendée se traduit en une action pratique pour transformer les situations figées, d'autant qu'elle va de pair avec le changement de conduites et de comportements, personnels et collectifs en vue d'une résolution des problèmes concrets.

Le réveil et la prise de conscience, avec le regard critique, objectif que cela nécessite, amène à la révolte, c'est-à-dire au grand « NON ! ». Un « NON » qui trouve comme un écho dans cet appel d'Aimé Césaire au peuple du Congo en 1967 :

> Réveillez-vous Congolais ! Fermez l'oreille au bourrage de crâne ! Sortez de vos trous, de vos ateliers, de vos usines ! Mais pour revendiquer, et pour exiger ! L'indépendance ne doit pas être un mot vide. Croyez-moi, le mot n'est pas vide pour tout le monde. Demandez-le à vos parlementaires et à vos ministres.

2. La révolte et l'action

La réflexion oriente l'action, et l'action concrétise la réflexion. Inévitablement, la prise de conscience ouvre les yeux sur l'inacceptable, et impose de dire, de crier le « NON » de celui qui n'en peut plus de supporter la situation qui lui est imposée. Elle entraîne l'individu-sujet, parvenu à l'acteur social, à devenir *L'homme révolté* (Albert Camus, 1951). « Qu'est-ce qu'un homme révolté ? », s'interroge Camus (p. 25). C'est « un homme qui dit non », répond-il. Puis, il explique : « Un esclave, qui a reçu des ordres toute sa vie, juge soudain inacceptable un nouveau commandement ». Et l'écrivain d'expliquer le contenu de ce « NON » :

> Il signifie, par exemple, « les choses ont trop duré », « jusque-là oui, au-delà non », « vous allez trop loin », et encore, « il y a une limite que vous ne dépasserez pas ». En somme, ce « non » affirme l'existence d'une frontière. On retrouve la même idée de limite dans ce sentiment du révolté que l'autre « exagère », qu'il étend son droit au-delà d'une frontière à partir de laquelle un autre droit lui fait face et le limite.

La révolte camusienne se présente donc comme un droit qui naît d'un ras-le-bol, d'une patience éprouvée. Et alors jaillit le « Non », catégorique, ferme.

Cette explication que Camus donne de la révolte s'applique aux réalités que vit l'Afrique. « Pourquoi la politique en Afrique engendre-t-elle de plus en plus des indignés et des révoltés ? », s'interroge Chantal Malion (2017 : 24). Selon l'auteur, « c'est parce que l'homme africain n'a jamais cessé de porter sur ses épaules ce que l'on a appelé le fardeau ». Ce fardeau porté dans un « *bis repetita* de l'histoire » devient inacceptable pour la nouvelle génération. Alors, on s'indigne du fait que « les responsables politiques n'émanent pas de l'expression démocratique du peuple souverain mais qu'ils soient désignés par des puissances étrangères » (*idem*). Par exemple, « les peuples se révoltent quand ils prennent conscience que leur pays a une monnaie sur laquelle leur État n'a aucun contrôle ». Ces peuples africains, simplement, veulent reprendre en main leur destin, avoir la responsabilité de leurs affaires propres, être les maîtres de leur propre histoire. « Ils refusent d'en être encore les victimes et les valets » (*ibidem* : 25).

C'est dans ce sens que Camus écrit : « Le mouvement de révolte s'appuie, en même temps, sur le refus catégorique d'une intrusion jugée intolérable et sur la certitude confuse d'un bon droit » (p. 25). Ce mouvement de « l'esclave révolté dit à la fois oui et non ». Il continue avec l'explication de la posture du révolté :

> Il affirme, en même temps que la frontière, tout ce qu'il soupçonne et veut préserver en deçà de la frontière. Il démontre, avec entêtement, qu'il y a en lui quelque chose qui « vaut la peine de… », qui demande qu'on y prenne garde. D'une certaine manière, il oppose à l'ordre qui l'opprime une sorte de droit à ne pas être opprimé au-delà de ce qu'il peut admettre (p. 26).

Camus poursuit à la même page :

> Jusque-là, il se taisait au moins, abandonné à ce désespoir où une condition, même si on la juge injuste, est acceptée. Se taire, c'est laisser croire qu'on ne juge et ne désire rien et, dans certains cas, c'est ne désirer rien en effet. Le désespoir, comme l'absurde, juge et désire tout, en général, et rien, en particulier. Le silence le traduit bien. Mais à partir du moment où il parle, même en disant non, il désire et juge.

L'individu révolté, indique Camus, « au sens étymologique, fait volte-face. Il marchait sous le fouet du maître. Le voilà qui fait face. » Le sujet opprimé, alors, virevolte, défie son oppresseur, et s'interdit de continuer de courber l'échine. Il affirme bravement et résolument son droit à avoir également part au respect qui lui est dû en tant qu'il est Homme. L'écho de l'affirmation audacieuse et irrévocable du révolté camusien résonne dans toutes les situations d'injustice, d'oppression, d'assujettissement et de relégation. Ces révoltes s'inscrivent alors dans une communauté de destin de tous les opprimés qui se lèvent pour dire : « NON ! »

La révolte constitue ainsi une dynamique, un mouvement, et donc, oriente à l'action. La révolution de l'intelligence, née de la déconstruction mentale ou mutation mentale (prise de conscience), met devant l'acteur social l'urgence de se mettre en transe et en branle, pour le relèvement de l'Homme intégral et pour l'instauration de la société d'égalité et d'équité. L'homme révolté s'interdit tout immobilisme devant les situations inacceptables, inadmissibles ; il est pragmatique, actif. Il s'insurge contre la tyrannie, la domination de ceux qui se prennent pour le nombril de la terre et pour les dieux de ce monde, avec leur égoïsme, leur égoïté.

Il s'agit donc pour le révolté, dans un premier temps, d'identifier clairement le dominateur. Vient le mouvement suivant qu'explique Laurent Pirnay (2015 : 21) :

> Après avoir identifié qui domine, qui tient les rênes, il faut que toutes les revendications, actions, s'inscrivent dans une remise en cause de ce système qui opprime. Il faut, pour paraphraser Nietzsche, faire de la politique à coups de marteau.

Pirnay décrit alors la suite du projet du révolté, en indiquant au préalable qu'« un projet progressif et libérateur pour l'homme doit être positif ». Il écrit :

> Il faut se battre pour quelque chose qui en vaut la peine. S'opposer, c'est affirmer quelque chose, il faut oser parler de droit au Bonheur, du droit à vivre heureux oser dénoncer des inégalités sans cesse croissantes. Il ne s'agit pas de vouloir « faire la peau au système » pour le plaisir, parce qu'on s'ennuie. Non, il faut changer car c'est un système qui opprime.

Pour Pirnay, « La société n'est que le résultat d'un rapport de force qui s'exprime en son sein et à un moment donné, rien n'est immuable ! ». Il affirme que notre « Révolte » doit s'inscrire dans le présent, d'autant que « notre temps ici-bas est compté et tant de choses sont à faire que nous ne pouvons-nous offrir le luxe de l'inaction, de la passivité ». Il note :

> Hier n'est déjà plus, et demain n'étant pas encore, seul le présent est accessible. Seul le présent nous offre un terrain pour agir. Les actions que l'on mène aujourd'hui pour une autre redistribution des richesses par exemple [...] doivent répondre à une nécessité du présent et permettre d'ouvrir le champ des possibles de la lutte pour les générations pour qu'elles puissent s'appuyer sur les combats que nous avons menés pour mener les leurs.

Dire son « NON » tonitruant, « Se révolter face à l'injustice, à la crapulerie, aux inégalités », dans l'entendement de Pirnay (p. 26), devient donc un véritable « devoir », un « devoir de violence » qui s'impose à tous, pour parler comme l'écrivain Yambo Ouologuem, dans son roman – au titre provocateur – *Le devoir de violence* (1968).

La révolte et l'action ne s'inscrivent pas forcément et seulement dans des mouvements violents, agressifs. L'action de l'homme révolté peut se décliner et se réaliser dans une stratégie dynamique, intelligemment menée. Parsons (1951) a proposé les éléments importants constitutifs de l'agir d'un acteur rationnel et normatif : des buts précis, une situation déterminée, des motivations, de l'énergie et de l'effort ainsi que des symboles. L'action a donc un sens. Sa signification symbolique révèle des valeurs, des normes, des croyances.

Dans le cas concret du sursaut de l'Afrique, le révolté qui se met en mouvement, donc qui n'est pas passif, indolent, doit modeler et moduler son agir, habilement, en tenant compte des rapports de force en présence. Son « NON » vibrant et radical, à la base de sa mise en mouvement et en action, le conduit, obligatoirement, par la même occasion, à être un acteur stratège, en inscrivant son action en 4 étapes : buts, situation, motivations, symboles.

2.1. Les buts

L'acteur stratège se doit donc de définir, dans un premier moment, des *buts* à atteindre, c'est-à-dire l'intention globale, avec des objectifs à court, moyen et long terme. Quel est le but et quels sont les objectifs de l'action à mener ? Il est important de savoir ce qu'on veut atteindre, donc ce qu'on (re)cherche. La négligence de cette règle fondamentale ne peut qu'amener à la cacophonie, au cafouillage et au bricolage. Savoir où on va, c'est se donner des chances d'arriver où on veut aller, d'aboutir à la transformation souhaitée. Il s'agit pour l'Afrique de rechercher l'autonomie, donc de prendre en main son propre destin ; autrement dit d'arrêter de tendre la main pour tout attendre des autres, ceux-là qui se sont imposés en tant que ses maîtres. Car, ces autres, rodomonts, matamores et sacripants, repus et enrichis grâce au Continent, n'ont seulement que les beaux discours et les grandes théories. Ils n'ont pas le temps, ni l'ambition, encore moins l'intérêt de faire le bonheur de l'Afrique et des Africains. Ce n'est pas leur vœu que l'Afrique se développe et échappe à leur hégémonie.

Alain Houphouët et Dominique Assalé (2000 : 13) exhortent, dans cette optique, les dirigeants africains « à rompre définitivement avec les cultes de la personnalité anachroniques, à arrêter les guerres fratricides et les génocides insensés », pour penser de véritables « programmes concrets de développement ». Pour les auteurs, nos leaders « gagneront tous à investir et à mobiliser désormais les énergies des populations africaines dans des actions beaucoup plus rentables et bénéfiques de développement intégré » ; autant dire, « initier une politique globale visant le développement durable et collectif en Afrique, ainsi que la paix sociale sur notre Continent ».

2.2. La situation

Les buts et objectifs s'inscrivent dans une vision de transformation sociale. Pour ce faire, il importe, dans une deuxième étape, que l'acteur social, dans son agir, évalue *la situation* qui déclenche sa révolte et contre laquelle il se soulève. En évaluant la situation, l'acteur en découvre les tenants et les aboutissants ainsi que les règles de jeu. Quelle est donc la situation de l'Afrique ? Quel est l'état de l'environnement sociopolitique, économique et culturel du Continent ? Quelles sont les pratiques, les réalités internes et externes qui la minent, l'étouffent, l'étranglent, l'asservissent, lui nuisent et empêchent son décollage vers le développement ?

Le réveil de l'acteur et sa prise de conscience lui ont permis de prendre possession de sa conscience et de l'ouvrir sur un Continent objet des appétits gloutons de l'Occident et de plus en plus de l'Asie. Un Continent perçu comme un plat copieux pour satisfaire et combler le besoin de nourriture d'États-puissants, d'États-fauves, d'États-carnivores. De là, son exploitation, en tant qu'État-faible. L'une des causes de la stagnation ou de l'impossible développement de l'Afrique réside dans son pillage visible ou à « huis-clos » (Xavier Harel, 2006). C'est un secret de Polichinelle : le joug, pour ne pas dire l'assujettissement politique, économique et culturel constitue le principal et fondamental ennemi de son développement.

Le pilleur ne lésine pas sur les moyens et les stratégies les plus sophistiquées pour atteindre son but. Machiavel n'a-t-il pas affirmé que « la fin justifie les moyens » ? Peu importe si ces moyens présentent un visage effroyable, atroce, immoral et amoral. Peu importe s'il faut attiser, provoquer le feu pour détruire des êtres humains, des peuples entiers. « Quand vous entendrez crise humanitaire, ethnique, le curseur doit vous demander de regarder du côté des richesses naturelles pour savoir où sont les véritables causes », écrit Chantal Malion (2017 : 124). Peu importe également si le pilleur, dans son désir d'asservissement et de domination, doit tordre le cou aux principes d'égalité, de liberté et de parallélisme de forme, donc de manières de faire, par exemple, en imposant des dictateurs à vie à la tête des États-vassaux. Une chose est évidente, la volonté est réelle, clairement établie, d'empêcher activement par tous les moyens la souveraineté économique, de maintenir les pays sous domination de sorte à continuer à les exploiter, à piller leurs richesses.

Bien entendu, il ne s'agit point, dans cette prise de conscience, de fermer les yeux, d'ignorer ou de ne pas reconnaître des maux qui surgissent de l'intérieur et qui minent, empêchent le développement économique, social et politique du Continent africain. En effet, des maux très graves sont imputables aux Africains eux-mêmes. Ces maux ont pour nom : corruption (généralisée et systématisée), injustice, irresponsabilité, inconscience, immaturité, amateurisme, incivisme, gabegie, népotisme, indiscipline, indolence, promotion des faux modèles, luttes absurdes pour le pouvoir à l'intérieur des pays, racisme et guerres entre les États africains, etc.

On ne peut nier ou rejeter du revers de la main toute cette réalité dure, terrible, périlleuse. Après la colonisation, la souveraineté politique accueillie avec ferveur, n'a été qu'un leurre, une désillusion. L'optimisme « s'est estompé progressivement au fil des années », écrit Simon Pierre Ekanza (2014 : 9). En plus d'assister au « délitement des États », on a vu et on continue de voir jaillir une « multiplication des conflits » (*idem*). Alain Houphouët et Dominique Assalé (2000 : 13) évoquent aussi le cas des hommes politiques africains, abonnés « aux facilités, aux égoïsmes », des adeptes de « la politique politicienne » qui gaspillent, dissipent « la force et l'énergie des populations [...] dans le folklore des manifestations et manipulations démagogiques inutiles ». Ces hommes politiques, friands de la flagornerie, des courbettes, et comme lobotomisés, agissent de manière à dégoûter de la chose politique n'importe quel citoyen et patriote.

L'agrégation de ces causes ou raisons externes et internes aboutit à la tragédie que présente la scène africaine. On est écœuré par cette situation dramatique, paradoxale d'un Continent riche mais pauvre, un Continent qui fait les riches mais qui vit dans la pauvreté, un Continent qui possède tout mais qui n'a rien et meurt de faim, un Continent qui fait les autres mais qui est défait, endetté et assisté, un Continent luxuriant qui produit des matières importantes et dont les prix sont fixés par l'acheteur. On pourrait continuer à énumérer à l'envi ces situations paradoxales déplorables.

Ainsi, il est vrai, nettement avéré, que les grandes puissances, en véritables loups affamés, mettent tout en œuvre pour étouffer toute volonté d'émergence et de développement de l'Afrique, en interprétant toute aspiration à une souveraineté vraie des patriotes africains comme un crime de lèse-majesté. Cela est bien connu et il serait grossier, indécent de vouloir travestir ou nier les faits à tout prix. Mais, il est tout aussi vrai, exact que les Africains, leurs dirigeants en tête, ne sont pas sans reproche, prêtant le flanc à la critique, ouvrant eux-mêmes des brèches, voire des autoroutes, dans les appareils de l'État, pour laisser passer les exploiteurs qui pillent tranquillement et imperturbablement les richesses des pays.

Les peuples africains se sont laissé facilement avoir, manipuler, diviser, utiliser, entraîner dans la recherche de gloire égoïste avec un égocentrisme qui s'affirme en piétinant les autres. Avec d'autres peuples, on ne s'y prendrait pas ainsi : on réfléchirait à deux fois et longtemps avant d'oser agir de cette façon. Dans ce sens, un proverbe africain dit ceci : « Le mouton regarde ta figure avant de manger ton igname »[5]. Même le lion, bien que roi de la jungle, sait qu'il ne peut pas chasser partout. On sait bien qui provoquer… et qui ne pas provoquer. Si vous avez été

---

[5] L'igname est une culture comestible importante en Afrique. En Côte d'Ivoire, c'est un aliment de choix chez les Agni (qui lui dédient une fête), les Abron, les Baoulé, etc. Le mouton, quoique taxé d'animal « bête » ou « idiot », semble si bien percevoir la valeur et l'importance de ce tubercule chez ses maîtres qu'il prend ses précautions avant d'y toucher : pour oser en manger, il fait attention, il dévisage d'abord le propriétaire de l'igname en le fixant ; il vérifie ainsi si ce dernier peut et va le pourchasser pour l'empêcher de lui voler le précieux aliment.

identifiés comme jaloux, envieux, corruptibles, baveurs devant le gain facile, on n'hésitera pas à vous utiliser contre vos frères en passant par votre faiblesse et à travers l'objet de votre convoitise. Il semble malheureusement que l'Afrique regorge de tels personnages ! Frantz Fanon, avec raison, pouvait le dire : « Le grand succès des ennemis de l'Afrique, c'est d'avoir corrompu les Africains eux-mêmes ».

Voilà la situation contre laquelle l'homme africain révolté doit vigoureusement se lever. Pour y parvenir et inscrire son action dans l'efficacité, il faudrait que ces faits constituent une motivation assez suffisante pour déclencher en lui la dose d'énergie, d'adrénaline nécessaire pour stimuler l'effort.

2.3. Les motivations

La troisième étape de l'action est animée par les *motivations*, avec l'énergie et l'effort qui la meuvent. Quelles sont les motivations des Africains et des pays africains ? Quel sens donnent-ils à leur agir ? De quelle énergie disposent-ils ? Pour quel effort à consentir ? Autrement dit, jusqu'où les Africains sont-ils disposés à s'investir réellement ?

Si l'aspect injuste, méprisant, oppressant et crapuleux de la situation a fini par révolter les Africains et les a mis debout, alors, cela doit constituer un booster, une motivation nécessaire dans l'agir et orienter les efforts. C'est cela qui déclenche l'énergie, donc, la force de l'action. On avance d'autant plus qu'on est poussé en avant par cette force, animé par une conviction de transformation, de changement. On se dit alors : « Il faut agir pour que la situation cesse ! » Et on ne veut plus s'accorder de repos tant que la situation n'a pas encore changé.

L'énergie est le carburant qui met en marche la motivation. Elle s'affirme dans l'effort. Cet effort, au besoin, est entêté, obstiné et refuse opiniâtrement, mordicus les sentiers battus du fatalisme. Il pousse à braver les difficultés sur la route et à persévérer nonobstant les conjonctures. Cela demande du cran, du courage, en tant qu'ardeur, zèle, fermeté d'âme pour supporter ou affronter le danger et la souffrance. Le courage persévérant anime l'action, la tonifie et la propulse toujours plus loin. C'est ce courage que le roi Christophe, personnage de la pièce de théâtre d'Aimé Césaire, demandait à son peuple, sorti de la colonisation. Ce courage se présente alors comme un défi majeur pour chaque Africain d'autant plus que le Continent, humilié, est à repenser pour lui garantir un développement réellement durable. Aimé Césaire (1963 : 59) écrit :

> Nous seuls, Madame, vous m'entendez, nous seuls, les nègres ! Alors, au fond de la fosse ! C'est bien ainsi que je l'entends. Au plus bas de la fosse. C'est de là que nous crions ; de là que nous aspirons à l'air, à la lumière, au soleil. Et si nous voulons remonter, voyez comme s'imposent à nous, le pied qui s'arc-boute, le muscle qui se tend, les dents qui se serrent, [...] la tête large et froide !

Il poursuit :

> Et voilà pourquoi il faut en demander aux nègres plus qu'aux autres : plus de travail, plus de foi, plus d'enthousiasme, un pas, un autre pas, encore un autre pas et tenir gagné chaque pas ! C'est d'une remontée jamais vue que je parle, [...] et malheur à celui dont le pied flanche !

Le courage est certes une audace, mais il n'est pas aveugle et grégaire. Il s'agit, en toute chose, d'identifier ses propres forces et ses faiblesses, et de perfectionner ses forces en les hissant au plus haut niveau de maîtrise.

2.4. Les symboles

Le quatrième temps n'est pas dichotomique des autres : il leur est lié. Ce temps concerne les *symboles*, en fait, les valeurs, normes et croyances qui amènent à l'action, qui la déterminent et la guident. Quelles sont les valeurs, les normes, les croyances des peuples africains ? Quels sont les symboles forts auxquels ils tiennent ? À quel système éducatif rêvent-ils pour le Continent ? Qu'en est-il de la politique sanitaire, de la politique sociale ? Quelle industrialisation pour la transformation des matières premières ? À quel type de leader et à quel type de gouvernance aspirent-ils pour la souveraineté, la justice et la paix ? En somme, quel type de citoyen pour quel type de peuple ?

Voilà un certain nombre de questions et de préoccupations qui appellent et exigent de solides réflexions. Il s'agit d'identifier ce qui est bon pour l'Afrique et les Africains *hic et nunc*, c'est-à-dire ici et maintenant.

3. L'éveil : la veille stratégique

L'éveil s'inscrit dans la vigilance. Dans la stratégie de l'action, il est question de ne pas perdre de vue le mouvement qui entraîne et met en avant, de même que les périphéries et les contours de ce mouvement. Il s'agit de contrôler, de surveiller régulièrement l'environnement. Cette veille stratégique, peut-on dire, est proche de ce qu'on voit dans les activités de détections des signaux, en termes de surveillance du territoire ou de l'environnement socio-économique d'une entreprise. Le principe, c'est que, pour ne pas subir, il faut s'atteler à voir plus loin ; il faut chercher intelligemment les informations qui s'imposent, à la limite, les prédire. Pour Héraclite, l'homme n'est vraiment homme que quand il est éveillé. C'est pourquoi, il conseille de ne

« pas agir et parler comme des dormeurs ». Selon le philosophe, « pour ceux qui sont éveillés, il n'est qu'un seul monde commun ».

La veille stratégique, acte d'anticipation, cherche ainsi à fournir les éclairages nécessaires, c'est-à-dire toute l'activité nuisible de l'ennemi. Elle consiste donc à dormir du sommeil de crocodile, avec un œil ouvert, pour rester guetteur et empêcher l'ennemi de semer l'ivraie ou le mauvais grain. Il s'agit donc de faire en sorte que nul ne brade ni n'arrache le prix de la victoire acquise de haute lutte.

On a longtemps accusé l'Africain d'être un homme passif et de ne pas faire preuve d'anticipation, de se laisser toujours surprendre par les évènements. De là vient le côté éphémère de ses victoires ou de ses acquis : il n'a pas vu venir le « voleur ». Tout ce sursaut (avec l'action qui s'ensuit) peut ne pas aboutir au développement souhaité si cela n'est pas accompagné, encadré dans une véritable activité de veille, avec l'intelligence et les yeux ouverts, avec des stratégies bien élaborées et bien éprouvées.

Chapitre II

Le développement en action : acteurs et domaines

La communication pour le sursaut et autour du changement social – qualitatif – en Afrique conçoit que le développement nécessite des acteurs, dans des domaines bien identifiés, reconnus, pour se mettre en œuvre. C'est pourquoi, ce chapitre va se consacrer à l'identification des domaines les plus stratégiques. Mais, avant toute chose, il revient sur le préalable de l'unité de l'Afrique et des Africains pour une synergie d'action.

1. Le primat de l'unité

L'unité de l'Afrique en vue de son développement est une impérieuse nécessité : c'est une urgence, il n'y a pas d'autres alternatives. Telle est la conviction affirmée résolument dans l'Édition finale d'avril 2015 de *l'Agenda 2063. L'Afrique que nous voulons*, dans sa « Version populaire », l'alinéa 2 :

> Nous avons fait écho à l'appel panafricain selon lequel l'Afrique doit s'unir en vue de réaliser sa renaissance. Les générations présentes sont convaincues que le destin du Continent est entre leurs mains, et qu'il leur faut œuvrer maintenant pour forger l'avenir qu'ils veulent.

« La voix des peuples d'Afrique », c'est-à-dire les « peuples d'Afrique et de la diaspora, unis dans la diversité », à savoir « jeunes et vieux, hommes et femmes, filles et garçons, de toutes les couches de la société, pleinement conscients de notre histoire » (p. 1, § 1), s'engagent « vis-à-vis d'une vision panafricaine durable » afin qu'advienne une « Afrique intégrée, prospère et pacifique, dirigée par ses propres citoyens, et représentant une force dynamique sur la scène mondiale » (p. 1, § 4). Cette idée est reprise dans l'Aspiration 2 de l'*Agenda* : « Un Continent intégré, uni sur le plan politique et ancré dans les idéaux du Panafricanisme et la vision de la renaissance africaine » (p. 4). De façon claire, précise l'alinéa 20, p. 5, « Nous aspirons à ce que d'ici 2063, l'Afrique soit une Afrique unie » ; qu'elle « ait des infrastructures de classe internationale […] ; ait des liens dynamiques et fructueux avec sa diaspora » ; et qu'elle « soit un Continent aux frontières sans discontinuité et une gestion des ressources transfrontalières basée sur le dialogue ».

L'Agenda 2063 voit juste en faisant de l'unité de l'Afrique une exigence du développement durable. En effet, le temps est venu pour que les Africains comprennent l'urgence de prendre en main le destin de leur Continent afin d'oser le développement. Il ne faut pas attendre que ce soit ceux qui veulent *croquer* l'Afrique qui, paradoxalement, et comme par enchantement, le fassent. Avec audace et entêtement, il faut aller à la nécessaire et impérative unité pour avoir le poids et la force d'affronter les urgents challenges de ruptures, certes risquées, mais possibles. Si l'Afrique attend des maîtres du monde le « Ok, partez ! » pour engager l'unité, elle attendra encore longtemps. Quelquefois, l'issue de salut et la survie n'arrivent qu'après obstination, ténacité, opiniâtreté. Les Africains sont invités à risquer courageusement et audacieusement la construction d'une Afrique unie et solidaire. Cette audace créatrice pour inventer le futur de l'Afrique est absolument une nécessité.

Sans unité et solidarité, il sera difficile de sortir de la pauvreté. L'aventure solitaire ne garantit pas les chances de succès d'autant plus que le puissant ne manque pas d'ingéniosité dans l'utilisation de marionnettes africaines pour brouiller les tentatives de sortie du trou. La stratégie consiste à diviser pour mieux assujettir et régner. Un proverbe de l'Afrique traditionnelle le dit fort bien : « Si le mur n'est pas fendu, le cancrelat ne peut pas entrer ». La division fait toujours l'affaire du diviseur. C'est lui qui en tire les dividendes. Celui qui laisse prospérer la division au milieu de lui n'a que ses yeux pour pleurer, il devra un jour s'en mordre les doigts.

Donc, le vrai développement durable de l'Afrique commence indéniablement par son unité. Tous ceux qui rêvent en toute sincérité ce développement, rêvent tout aussi nécessairement l'unité du Continent. C'est dans cette vision que Jean-Marie Adiaffi (1980 : 94) écrit ces vers :

> Mère de toute union de notre coït nous aurons plusieurs fils mes frères… mes frères mère tu devines sans peine leur bonheur…
> À leur agilité de reptile à l'allégresse de leur marche tu liras le nouveau destin de l'homme : la liberté
> Des frères de sang et d'amour des frères de partage des frères de multiplication… d'addition…

Ainsi, Adiaffi appréhende l'unité du Continent africain de façon optimiste. Cette unité est productrice d'autant que tous se sentent frères, enfants de la mère Afrique, engagés allègrement sur le chemin qui conduit au développement, source de bonheur.

À coup sûr, il y a de quoi donner de l'espoir. Il suffit d'imaginer l'unité de cette Afrique remplie de richesses naturelles du nord au sud et de l'est à l'ouest, sans oublier le grand centre. Cette Afrique unie, avec ses terres arables et ses nombreuses matières premières renouvelables et celles non renouvelables, est incontestablement une puissance. On trouve ici et là presque de tout, et en abondance. Au niveau des matières végétales, on a le bois, le caoutchouc, le café, le cacao, le coton, etc. Au niveau des matières énergétiques, il y a le pétrole, le gaz, le charbon, l'uranium, etc. Au niveau des matières métalliques, on a l'aluminium, le fer, l'or, etc. Des métaux précieux comme le cobalt (utilisé dans la fabrication des batteries qui alimentent les voitures électriques et les smartphones) et autres pierres précieuses dont le diamant, abondants sur le Continent, excitent l'appétit de toute la planète.

L'Afrique réellement unie, en un seul bloc, avec des regroupements régionaux, imposera le respect comme les dragons et les tigres d'Asie. Les régions existent déjà et ne demandent qu'à être activées effectivement, avec des leaders décidés pour impulser le mouvement qui enclenchera le développement.

Il suffit d'imaginer la mise en œuvre sérieuse, sincère et résolue d'un regroupement de l'Afrique.

Au nord, on a des locomotives comme l'Égypte, le Maroc, l'Algérie, la Tunisie, etc. Au sud, l'Afrique du Sud, l'Angola, le Mozambique, le Zimbabwe, etc., regroupés, ne feront qu'accélérer le développement du Continent. L'Afrique de l'ouest (avec le Nigeria, la Côte d'Ivoire, le Ghana, le Sénégal, le Mali, la Guinée, le Libéria, le Niger, le Bénin, le Burkina Faso, etc.) a tout ce qu'il faut pour être une puissance qui s'impose et qui donne du poids à l'Afrique entière. À l'est, il y a l'Éthiopie, le Kenya, le Rwanda, la Tanzanie, l'Ouganda, l'Érythrée, la Somalie, etc. L'Afrique centrale aussi abonde de matières premières encore intactes (malgré les scandales des nombreux pillages) pour permettre un développement du Continent. En termes de puissance de développement, la réunion des deux Congo, du Cameroun, du Burundi, du Gabon, du Tchad, de Sao Tomé et Principe constitue un atout et une dynamique qu'on n'a pas besoin de démontrer.

En faisant taire les armes, en mettant de côté les intérêts personnels et en pensant à l'avenir, ces regroupements régionaux seront alors les arguments des Puissants États-Unis d'Afrique qu'il faut se hâter de réaliser. C'est une question de vie, sinon de survie ; c'est également une question de dignité pour un Continent qui n'a que trop souffert de mépris, de stigmatisation et de déconsidération.

De fait, l'Afrique pourra d'autant plus faire entendre sa propre voix qu'elle sera « Une Afrique qui agit en tant qu'acteur et partenaire fort, uni et influent sur la scène mondiale », selon l'aspiration 7 de l'*Agenda 2063*. C'est cette unité qui l'amènera à émerger « en tant qu'acteur et partenaire mondial fort, résistant, pacifique et influent, jouant un rôle important dans les affaires internationales » (p. 11, § 59). L'*Agenda 2063* insiste :

> Nous affirmons l'importance de l'unité et de la solidarité africaines face à l'ingérence extérieure persistante, y compris aux tentatives menées pour diviser le Continent, ainsi qu'aux pressions et aux sanctions indues imposées sur certains pays.

Pour sûr, l'unité de l'Afrique lui ouvrira les portes du développement pérenne. Et, avec Adiaffi, il faut voir cette communauté de destin comme un véritable motif d'espoir : « Espoir commun emmanché dans un combat commun de tous les damnés de la terre » (*op. cit.* : 102).

2. Les acteurs pour engager le développement durable de l'Afrique

Il s'agit ici de mettre les projecteurs sur les acteurs audacieux en mouvement pour la réalisation du développement de l'Afrique. Ce développement se veut un développement durable et s'était déjà inscrit dans « Les Objectifs du Millénaire pour le Développement » (OMD) ; lesquels avaient défini les besoins humains dans le monde ainsi que les droits fondamentaux dont chacun devrait pouvoir jouir. Le *Rapport 2010 sur les objectifs du Millénaire pour le développement* des Nations Unies en avait, en effet, déterminé huit (8), à savoir : Réduire la pauvreté extrême et la faim ; Assurer une éducation de qualité pour tous ; Promouvoir l'égalité des sexes et l'autonomisation des femmes ; Réduire la mortalité infantile ; Améliorer la santé maternelle ; Combattre le VIH/SIDA, le paludisme et d'autres maladies ; Préserver l'environnement ; Mettre en place un partenariat pour le développement.

Les États se sont alors approprié ces Objectifs pour leur implémentation à l'échelle nationale, en élaborant des Rapports pays de suivi.

À la suite des OMD, et à la faveur de l'*Agenda 2030*, des Objectifs de Développement Durable (ODD), au nombre de 17, ont été fixés. Ils établissent, déterminent les enjeux de développement pour tous les pays, qu'ils soient riches, intermédiaires ou pauvres, et invitent à l'action. La conviction est ici clairement établie que pour éradiquer la pauvreté, il faut mettre en place des stratégies prenant en compte et la croissance économique et les besoins vitaux que sont notamment l'éducation, la santé, la protection sociale, l'emploi, sans ignorer la lutte contre le changement climatique et la protection de l'environnement.

Les 17 Objectifs de Développement Durable sont donc dans la perspective d'un développement se voulant, entre autres, socialement équitable, inclusif et prévisible à horizon 2030. Il s'agit d'aller au-delà des Objectifs du Millénaire pour le Développement qui, certes, ont permis d'avoir certaines avancées sur le plan de la réduction de la pauvreté et de la faim, mais ont montré des limites, surtout au niveau de la réduction des inégalités du fait de l'absence de transversalité. Les Objectifs de Développement Durable ambitionnent ainsi de corriger le tir en prenant à bras-le-corps les grands défis mondiaux dans leur ensemble.

Ces 17 Objectifs de Développement Durable (dont chacun est détaillé par des cibles définissant les priorités des différents objectifs et les actions à entreprendre) concernent : l'éradication de la pauvreté (1), la lutte contre la faim (2), la santé et le bien-être des populations et des travailleurs (3), l'accès à une éducation de qualité (4), l'égalité entre les sexes (5), l'accès à l'eau salubre et l'assainissement (6), l'accès à une énergie propre et d'un coût abordable (7), le travail décent et la croissance économique (8), la promotion de l'innovation et des infrastructures durables (9), la réduction des inégalités (10), la création de villes et de communautés durables (11), la production et la consommation responsable (12), la lutte contre le changement climatique (13), la protection de la faune et de la flore aquatiques (14), la protection de la faune et de la flore terrestres (15), la paix, la justice et des institutions efficaces (16), le renforcement des partenariats pour les objectifs mondiaux (17).

L'Afrique, naturellement, est appelée à s'inscrire dans ces objectifs et à s'engager pour les atteindre. Mais, une chose est certaine : quels que soient les objectifs de développement définis, ils ne peuvent être atteints que si tous les acteurs sont mobilisés à cette fin.

2.1. Tous, des acteurs

Le développement de l'Afrique, pour qu'il soit durable, requiert donc la mobilisation de tous les acteurs sociaux. Tous (là où chacun se trouve) ont le pouvoir et le devoir de réagir et d'agir pour faire faire au Continent le bond qualitatif vers le développement. Tous peuvent et doivent jouer un rôle majeur au quotidien pour aider le Continent à combler son grand retard. À petite échelle ou grande échelle, tout le monde peut agir en apportant sa contribution à une émergence véritable qui ne s'arrête pas aux discours creux et démagogiques pour faire plaisir à ceux à qui on veut faire plaisir.

Ainsi, les pouvoirs publics, c'est-à-dire les gouvernements, doivent véritablement jouer leur rôle consistant à impulser le développement en vue du bonheur des peuples qui leur sont confiés. En 1992, le troisième Sommet de la Terre à Rio de Janeiro avait permis d'aboutir à la mise en place d'une stratégie, *L'Agenda 21*, avec un programme d'actions adopté depuis lors par 172 pays, comme rappelé précédemment. Les pouvoirs publics des pays sont, en principe, régulièrement appuyés par les organismes internationaux dont les établissements publics et agences de Développement, l'Union Européenne (UE), l'Organisation des Nations Unies (ONU), la Banque Mondiale et le Fonds Monétaire International (FMI), le Comité d'Aide au Développement (CAD) de l'Organisation de Coopération et de Développement Économiques (OCDE).

Des questions restent posées : où en est-on en Afrique, dans les différents pays, avec la mise en œuvre de cet *Agenda 21* ? Les gouvernements ont-ils réellement intégré dans les faits les Objectifs du millénaire pour aboutir résolument au développement du Continent ? Ont-ils fait mieux avec les ODD ? Et qu'en est-il des fonds dégagés par les organismes internationaux ? Vont-ils réellement là où il faut et comme il faut ? Servent-ils effectivement à ce à quoi ils ont été dégagés ? Permettent-ils de mettre en place de véritables projets qui profitent réellement aux populations, surtout dans l'amélioration des situations de pauvreté et de précarité ?

Ces questions sont d'autant plus légitimes que sous nos cieux en Afrique, on a souvent évoqué une certaine opacité et une complexité volontairement orchestrée autour des « aides » internationales ainsi que dans la gestion des affaires publiques. Tout est fait comme s'il y avait une volonté manifeste de brouiller des pistes, en rendant les choses illisibles afin d'empêcher tout contrôle. C'est dans ce cadre de suspicion légitime que Hamzat Lawalun, un militant nigérian de la lutte contre la corruption, avec son ONG « Connected Development » a initié une campagne dénommée « Follow The Money ».

L'activiste, dans le cas spécifique de la COVID-19, s'est posé la question suivante sur son blog : « Les fonds des donateurs en Afrique peuvent-ils travailler pour des populations ciblées et dans le but pour lequel ils sont institués ? »[6] Avec son ONG, il a ainsi initié le projet « #Follow COVID19Money », qui est, en fait, « une campagne pour mettre en lumière et contrôler l'utilisation des fonds d'urgence et des dons contre la corruption et les abus en Afrique ». Pour lui, il faut « réinitialiser nos pratiques politiques [...], nos économies et nos systèmes de santé publique ». Le moyen pour y parvenir, explique-t-il, « est d'intégrer systématiquement la transparence et

---

[6] Hamzat Lawal, « COVID-19 : Une nouvelle approche contre la malversation de l'aide en Afrique », https://www.fes.de/fr/section-afrique/nouvelles-de-la-section-afrique/covid-19-the-new-approach-to-safeguarding-aid-money-in-africa, Consulté le 22/07/2020.

l'obligation de compte rendu dans les dépenses publiques. Cela libérerait de l'argent pour l'investissement dans des secteurs cruciaux et le développement social ».

Les collectivités territoriales, dans une optique d'implémentation à l'échelle régionale des objectifs de développement, sont chargées de mettre en œuvre des plans d'actions stratégiques en fonction des réalités des régions. Leurs rôles dans des actions portant sur la préservation de l'environnement, le développement d'activités agricoles, touristiques, industrielles, bien pensées, concourent ainsi fortement à l'amélioration de la qualité de vie, la création d'emplois, la sécurité des citoyens, la mise en place d'une politique sanitaire et éducative, la mise en route de projets d'urbanisme, etc. D'ailleurs, *L'Agenda 21* avait prévu une déclinaison destinée aux collectivités territoriales, dénommée *L'Agenda 21 local*, qui définissait les objectifs et les moyens de mise en œuvre effective de projets de territoire intégrant le développement économique, environnemental et social.

Les acteurs privés, en l'occurrence les entreprises, ont également une partition importante à jouer. L'aide des entreprises est particulièrement nécessaire dans la mise en place d'actions efficaces. Ainsi, elles sont de plus en plus sollicitées et invitées à tenir compte de leur impact environnemental, économique et social, et donc à œuvrer pour de nouvelles pratiques, en particulier au niveau de la Responsabilité sociale (ou sociétale) de l'Entreprise (RSE). Il s'agit de développer des actions fondées sur les valeurs éthiques, comme le respect des employés (en leur garantissant une vie saine et digne), la protection de l'environnement, etc.

Les Organisations Non Gouvernementales (ONG) et les associations jouent également un important rôle dans la mise en œuvre des stratégies de développement. De plus, les associations ont un large champ d'action. Les Organisations Non Gouvernementale internationales (c'est-à-dire présentes dans plusieurs pays) ou locales (c'est-à-dire situées sur un territoire), comme les associations, ont un rôle capital. Privées, elles collaborent avec les gouvernements et les institutions publiques (comme les écoles) pour donner un coup de pouce aux actions de développement.

Le développement durable concerne donc tous les acteurs sociaux. C'est dans cet esprit que le principe 10 de la Déclaration de Rio sur l'environnement et le développement affirme : « La meilleure façon de traiter les questions d'environnement est d'assurer la participation de tous les citoyens concernés ». Dans la même tonalité, le préambule du plan Action 21 de Rio souligne que « le développement durable doit être mis en œuvre par tous les acteurs, publics, privés et de société civile, au niveau local, national, sous régional, mondial ».

Ainsi, rester inactif et ne pas agir ou réagir peut être considéré (sans exagération) comme un vrai crime générationnel, surtout dans le cas précis de l'Afrique qu'on dit « mal partie » (René Dumont, 1962) ou « étranglée » (René Dumont, 1980), ce Continent qui fait l'objet d'un « Pillage à huis-clos » (Xavier Harel, 2006) systématisé de ses ressources naturelles. Cette Afrique-là s'ankylose, s'étouffe et se meurt. Aucun Africain digne de ce nom et aucun de ceux qui prétendent aimer ce Continent et qui pérorent constamment n'ont pas le droit de la regarder sombrer et mourir, à coup sûr, de sa belle mort ! Il faut oser la relever. Tous doivent oser !

2.2. Les jeunes, l'espoir pour bâtir l'Afrique de demain

Les jeunes sont ici considérés comme des acteurs particuliers, des acteurs de choix qui doivent donner une chance au développement de l'Afrique. Ils sont l'espoir de l'Afrique de demain.

Mais force est de constater que la jeunesse fait assez souvent l'objet de stigmatisation. Elle est taxée de dangereuse. Mais n'est-elle pas en danger elle-même ?

2.2.1. Une jeunesse dangereuse ou une jeunesse en danger ?

La jeunesse fait parfois peur. Les jeunes effraient par leurs comportements, leurs réactions, leurs actes, etc. Ainsi, la délinquance juvénile n'est pas une vue de l'esprit : elle est un phénomène tangible. Les actes violents que posent certains jeunes (vols, viols, agressions, meurtres, etc.) sont une réalité. La jeunesse menaçante est un phénomène bien connu dans nos sociétés modernes africaines. Celles-ci font de plus en plus face au grave problème de la violence juvénile. Cette violence peut se présenter sous la forme d'une violence psychique (harcèlement), verbale (injures), physique (bagarres, meurtres) et sexuelle (viol).

En Côte d'Ivoire, par exemple, le phénomène des enfants dits « microbes », baptisés – pour faire politiquement et socialement correct – « enfants en conflit avec la loi », est là pour rappeler cette triste réalité des règlements de comptes, des luttes pour le contrôle de territoires, avec couteaux, machettes et autres armes tranchantes. Ici, les vols à main armée, les cambriolages et l'abus de la drogue sont monnaie courante. Sur le passage des « microbes », gît le cortège de tristesse, de désolation et de consternation. Les communes d'Abidjan, en particulier Abobo, Yopougon, Koumassi (pour ne citer que celles-là), parce qu'elles constituent les foyers d'émergence et/ou de développement du phénomène, sont les plus éprouvées.

La jeunesse menaçante et effrayante est bien un fait réel. Et, les grands débats sur les valeurs de la jeunesse situent, d'une certaine manière, sur l'appréhension et la perception du comportement et de l'agir des jeunes. Mais des questions, à l'effet de déclencher un autre regard, un regard nouveau, surgissent : la jeunesse dangereuse n'est-elle pas aussi – et surtout – une jeunesse en danger ? Autrement dit, l'agir dangereux des jeunes n'est-il pas, en vérité, le revers ou la face cachée d'une jeunesse elle-même en danger ?

Dans la préface du livre *Face au problème de la violence en milieu universitaire ivoirien* de l'ASCAD[7] (2019 : 12), Paul N'Da résume l'explication que les syndicats d'étudiants, de manière catégorique, donnent à la violence à l'université. Selon ceux-ci, « la violence vient d'abord du refus des autorités académiques et politiques de dialoguer avec eux ». Paul N'Da écrit :

> À leur dire, les affrontements [...] prennent leur origine dans le fait que des personnes mandatées montent des associations pour empêcher le leadership d'un groupe. Ils évoquent [...] les conditions de travail et de vie, tout le manque de structures et d'infrastructures nécessaires pour

[7] L'Académie des Sciences, des Arts, des Cultures d'Afrique et des Diasporas Africaines (ASCAD) est une société savante indépendante regroupant des philosophes, des écrivains, des artistes, des créateurs et des inventeurs dont les œuvres honorent la civilisation africaine et participent au développement socio-économique, ainsi qu'au rayonnement de la Côte d'Ivoire, de l'Afrique et des diasporas africaines.

faire d'eux, effectivement, des étudiants qui étudient sereinement.

Il est des fois où la violence des jeunes ne peut se décoder, se déchiffrer et se comprendre véritablement qu'en considérant le miroir de la société qui engendre ces jeunes, laisse éclore, regarde prospérer leurs actes de défiance et de déviance. Dans *La Réussite paradoxale à l'école* (2016 : 20), j'évoquais justement la question de l'état actuel d'une société « en manque de repères, avec une situation de quasi impasse », en précisant que « nos sociétés sont devenues de véritables jungles où règne la loi du plus fort », des sociétés « où chacun crée l'enfer, en allumant autour de lui des flammes incandescentes dont l'énumération ne sera jamais exhaustive ». J'indiquais aussi que dans ce contexte où « les préoccupations de développement sont renvoyées aux calendes grecques », on ne peut qu'assister à « la désastreuse conséquence d'un taux grossissant de pauvres et de malheureux » (*idem*).

En effet, « De plus en plus, les classes sociales se distancent les unes des autres : une poignée de richissimes et une foultitude de misérables ». Cette foule de misérables et de marginalisés apparaît avec des attributs malheureusement plus réels que caricaturaux : « les sans-abri, les sans-nourriture, les sans-vêtements, les sans-santé, les sans-travail, les sans-papiers, les sans-éducation, les sans-avenir, les sans-voies, les sans-voix, etc. qui tirent le diable par la queue » (*ibidem* : 20-21). Devant les difficultés, « beaucoup de jeunes préfèrent se réfugier dans l'alcool, la drogue » ; ils se rebellent, se mettent en marge dans leur coin et dans leur monde, menacent, violentent.

En ce qui concerne la question précise de la violence juvénile, s'il est plus facile de s'appesantir sur ses effets, il paraît plus responsable et efficace de procéder à une analyse sérieuse et minutieuse, en élucidant ses mécanismes de production. En d'autres termes, il convient de scruter les conditions qui favorisent l'émergence du phénomène de la violence juvénile.

Si l'on prend le cas des « microbes » en Côte d'Ivoire, il est plus pertinent, semble-t-il, d'aller au-delà de l'émotion que causent les effets du phénomène, pour s'épancher sur le message caché. Alors, on découvre qu'on est en présence d'une situation qu'on ne peut pas survoler ou interpréter comme une génération spontanée. Bien au contraire, le phénomène, en se dénudant, se laisse voir en tant que la résultante d'une agrégation de situations-problèmes ayant exacerbé en aval les effets dans une société marquée par la décomposition et la violence, une société caractérisée par l'« anomie » (Durkheim), c'est-à-dire une société qui se délite, une société où les passions individuelles mettent à mal l'ordre social, mais aussi une société en crise de modèles. « L'état de dérèglement ou d'anomie est [...] renforcé par ce fait que les passions sont moins disciplinées au moment même où elles auraient besoin d'une plus forte discipline », note Durkheim dans *Le Suicide* (1897 : 114).

Autant dire que les actes criminels de ces jeunes « microbes » parlent de la société à la société. Leur violence est un message qu'il faut entendre et comprendre comme un cri : celui des marginalisés et des désaffiliés.

Sévérin Kouamé et Anne Moltess, dans *Exister par le gbonhi* (2017 : 33), révèlent comment « Mal encadrée, la dynamique urbaine à Abobo a généré un processus de relégation à la marge [...] d'une large frange de sa population ». Ils précisent :

> Cette précarité, combinée à l'absentéisme des parents, contribue au faible encadrement des plus jeunes. Par ailleurs, les institutions relais comme l'école sont également dans l'incapacité d'encadrer et d'éduquer la

jeunesse abobolaise. Ces faiblesses ont une incidence directe sur les trajectoires de violence des jeunes et, de façon spécifique, sur l'essor et la structuration du phénomène dit des « microbes ».

Dans cette perspective, l'agissement de ces enfants dits « microbes » se présente comme une sorte de miroir dans lequel la société est invitée à se regarder pour découvrir sa propre image, c'est-à-dire ce qu'elle est véritablement. Ces « enfants » déclarés « en conflit avec la loi », qui se sont eux-mêmes désignés, définis « microbes », pour traduire jusqu'où ils peuvent être nuisibles, et qui bravent le danger et la mort, disent à leur manière l'état de putréfaction et de dérèglement, de méprise et de désordre de/dans la société. Ils disent aussi, par leurs attitudes et leurs actes, que la société vit une crise de modèles. En effet, quand ceux qui émergent, socialement parlant, n'y parviennent le plus souvent que par des moyens peu orthodoxes, qui font de plus en plus école, cela change nécessairement les paradigmes, sème la confusion – surtout chez les plus jeunes – au sujet de l'idéal d'homme et de société. Quand ceux qui s'affichent dans les médias et sur les réseaux sociaux numériques comme des « influenceurs » – ou qui sont présentés comme tels – ne s'illustrent généralement que par leur vulgarité, leur grossièreté, leur mesquinerie, leur manque de hauteur et leur médiocrité, il ne faut pas s'étonner des résultats que cela produit sur les « influencés » et sur la société…

On l'aura compris, la question des microbes en Côte d'Ivoire révèle, met à nu, entre autres, la crise profonde que vit la société : une crise de valeur, de repère et de modèle. Elle dit également l'échec de la société : l'échec du projet du « vivre ensemble » qui fonde, selon Durkheim, le lien social. Comment a-t-on préservé le lien social, maintenu la cohésion sociale, inculqué aux individus, particulièrement aux jeunes générations les comportements et les valeurs de la vie en société ainsi que les fondements et les principes de la communauté de destin ? La vie sociale, on le sait, se caractérise aussi par le partage des ressources que génère la société. Quel est donc le rapport au partage des biens sociaux, des biens communs à tous ? Apparemment, les enfants appelés « microbes » se rebellent pour dire à la société son option risquée pour l'égoïsme et l'égocentrisme, ainsi que l'échec des politiques sociales. Ils donnent l'impression de s'établir en justiciers, à leur façon (c'est du moins ce que traduisent leurs propos). Dans cette logique, s'ils volent, dans leur entendement, ils ne font que prendre leur part du bien commun mal reparti.

On est ainsi, pourrait-on le dire, en face d'une attente déçue, manifestée dans un cri laissant entendre un message qu'il convient de décoder, de saisir et de prendre au sérieux. Il faut entendre ce cri comme un gyrophare, une alerte, donc comme un appel au secours, une quête de regard humanisant, une demande à être aimé, à être accepté, à être intégré. Ces jeunes semblent dire : « Aimez-moi ou je meurs […] Aimez-moi ou je mords » (Stan Rougier, 1994 : 3). Et, il ne faut pas ignorer ni mépriser ce cri, qui est véritablement leur cri de misère. Bien au contraire, avec Victor Hugo[8], il faut être « de ceux qui pensent et qui affirment qu'on peut détruire la misère ». Il faut réaliser que la misère de jeunes – et la grande misère en général – « est une maladie du corps social comme la lèpre était une maladie du corps humain » ; cette misère-là peut disparaître. Seulement, la lutte pour son éradication doit être engagée avec force : « Les législateurs et les gouvernants doivent y songer sans cesse ; car, en pareille

---

[8] Dans son réquisitoire prononcé à Paris, le 9 juillet 1849 devant l'Assemblée française, au sujet de la pauvreté.

matière, tant que le possible n'est pas fait, le devoir n'est pas rempli » (*idem*).

Ainsi, s'il est évident qu'on est en face d'une jeunesse dangereuse, d'une jeunesse qui fait peur, il est également juste d'indiquer la situation d'une jeunesse en danger. Et, il n'est pas incongru de dire que si la jeunesse est dangereuse, c'est aussi parce que quelque part, elle se sent en danger. Elle effraie parce qu'elle est effrayée. Elle fait peur parce qu'elle a peur de l'horizon sombre qui se profile devant elle. Elle est agressive et bande les muscles, comme pour se protéger et survivre dans une société où règne la loi du plus fort (et peut-être du plus méchant).

Mais, les jeunes sont plus que ça ! Ils sont une force, une dynamique capable de booster le développement en vue de l'émergence d'une Afrique prospère et digne, et ce, plus vite que l'on ne le pense.

2.2.2. La jeunesse-espoir

Pour atteindre son objectif de développement, le Continent doit compter sur sa jeunesse.

En effet, sur les 7,7 milliards d'habitants que comptait le monde en 2019 (Gilles Pison, 2019 : 1), l'Afrique, d'après le « Classement des Continents par population » du site *Alasocio.com* du 26 octobre 2019[9], en dénombre 1,3 milliard (soit 17 % de la population mondiale) et se classe 2e, derrière l'Asie avec ses 4,6 milliards (soit 59,7 % de la population mondiale). Le site précise qu'« en termes de taux de croissance annuel moyen (TCAM) pour la

---

9 « Classement des Continents par population », *Atlasocio.com*, https://atlasocio.com/classements/demographie/population/classement-Continents-par-population.php, Consulté le 22/07/2021.

période de 2010-2019, l'Afrique est première avec un TCAM de 2,46 % ».

Le site des Nations Unies[10] note à son tour « Une croissance fulgurante en Afrique » et indique que « Plus de la moitié de la croissance démographique dans le monde d'ici à 2050 aura lieu en Afrique ». Le site précise :

> Proportionnellement, c'est la région qui connaîtra la plus forte évolution démographique. La population d'Afrique subsaharienne, par exemple, devrait doubler d'ici à 2050. Malgré plusieurs incertitudes concernant les projections liées au taux de fécondité, les perspectives tablent sur un boom démographique notamment parce qu'un grand nombre de jeunes atteindront l'âge adulte dans les années à venir et seront en âge de procréer.

Selon les prévisions, d'ici 2050, la moitié de la population africaine aura moins de 25 ans. Le site *iD4D. Le média du développement durable*[11] donne ces précisions :

> La part croissante de la jeunesse dans la population africaine est une réalité bien concrète. 60 % des Africains ont moins de 24 ans. À l'horizon 2050, 35 % des jeunes dans le monde seront africains, alors que cette proportion n'était que de 15 % en 2000. Cette spécificité est une donnée essentielle de l'avenir de ce Continent qui est le plus jeune au monde.

Ainsi, la population des jeunes (population active) ne cesse d'augmenter en Afrique. Les jeunes constituent un

---

[10] Organisation des Nations Unies, « Population », https://www.un.org/fr/sections/issues-depth/population/index.html, Consulté le 20/07/2021.

[11] « Miser sur la jeunesse africaine, c'est miser sur l'avenir du Continent », *iD4D,* https://ideas4development.org/jeunesse-africaine-avenir-Continent/, Consulté le 18/07/2021.

important et imposant capital humain. Loin d'y percevoir une menace à cause des défis majeurs que cela pose, surtout au niveau de l'insertion professionnelle, il s'agit d'y voir surtout une opportunité de développement pour l'Afrique. Il est question, comme l'indique le titre de l'interview du site *iD4D* déjà cité, de comprendre en fait que « miser sur la jeunesse africaine, c'est miser sur l'avenir du Continent ». Il faut alors créer les opportunités et leur donner l'occasion de jouer des rôles essentiels à tous les niveaux de développement et en les impliquant dans les prises de décisions.

Lors des 53es Assemblées annuelles de la Banque Africaine de Développement du 21 au 25 mai 2018 à Busan, en Corée du Sud, Akinwunmi Adesina, Président de l'Institution, déclarait aux journalistes :

> L'Afrique doit cesser d'être un musée de la pauvreté. Ses populations sont résolues à renverser cette tendance. L'avenir des jeunes africains n'est pas en Europe, leur destin n'est pas de périr en Méditerranée.

Considérer la jeunesse comme le moteur du développement du Continent africain suppose une qualité de formation en amont des jeunes, afin qu'ils aient les compétences nécessaires pour transformer les économies et les sociétés en fonction des enjeux de la mondialisation. Certes, le défi de la formation est à relever (la Banque Africaine de Développement note que le déficit en matière d'infrastructures en Afrique est de 130 à 170 milliards de dollars par an). Mais, l'investissement dans la formation de la jeunesse en tant qu'elle est une force vive, ne saurait être mis en seconde priorité ; elle est une exigence imparable. S'impose inéluctablement l'impérieuse nécessité d'une éducation de ces acteurs qui feront le développement de l'Afrique de demain. On reviendra plus loin sur l'éducation. Une chose est sûre, il est temps que ces jeunes qui auront en charge de bâtir l'Afrique de demain soient l'objet des préoccupations et d'attention prioritaires des dirigeants.

L'espoir en une jeunesse capable de bâtir l'Afrique est d'autant plus fondé que les jeunes d'aujourd'hui, même s'ils traînent encore les séquences du passé, n'en sont pas aussi esclaves que les générations passées. Et pour cause, ils sont nés bien longtemps après la colonisation, n'ont pas connu les Félix Houphouët-Boigny, Léopold Sédar Senghor, Maurice Yaméogo, Mobutu Sese Seko Kuku Ngbendu wa Za Banga[12], etc. C'est dire qu'ils n'ont pas été les témoins directs de ces épisodes douloureux de l'histoire de l'Afrique ; ils n'ont pas connu les autres personnages centraux de la scène du drame colonial comme Charles de Gaulle (France) ou Léopold II (Belgique). Ils n'ont pas non plus vécu les relations privilégiées ou compromettantes (c'est selon) que les présidents occidentaux (particulièrement français) de l'époque postcoloniale entretenaient avec leurs « homologues » africains (que certains appellent, à tort ou à raison, les sous-préfets de la France). Ils n'ont pas connu Georges Pompidou, Valéry Giscard d'Estaing, François Mitterrand ni même Jacques

[12] Ces présidents des premières années d'indépendance de leurs pays respectifs ont établi un rapport privilégié avec la France (dont ils étaient, pour la plupart, des alliés fidèles) et ses présidents qui se sont succédé. Félix Houphouët-Boigny (1905-1993), président de la République de Côte d'Ivoire depuis son accession à l'indépendance en 1960, dirigea le pays jusqu'à sa mort en 1993. Léopold Sédar Senghor (1906-2001) fut le premier président de la République du Sénégal. Il dirigea son pays de 1960 à 1980. Maurice Yaméogo (1921-1993) fut également le premier président de son pays, la République de Haute-Volta (actuel Burkina Faso), de 1959 à 1965. Quant à Mobutu Sese Seko Kuku Ngbendu wa Za Banga (1930-1997), il fut le deuxième président (après un coup d'État) du Congo belge, qu'il rebaptisera en 1971 Zaïre (actuel République démocratique du Congo), de novembre 1965 à mai 1997, date de sa chute par coup d'État. Il mourra à Rabat (Maroc) en septembre de la même année de sa chute.

Chirac. Autant dire qu'ils n'ont pas et n'auront pas les mêmes compromissions que les « ancêtres ».

Audacieux, les jeunes africains d'aujourd'hui et surtout, ceux de demain voudront parler d'égal à égal avec les Blancs, hommes comme eux dont ils ne se sentent différents uniquement qu'au niveau de la peau, et non au niveau de l'intelligence. Au reste, ils ont souvent fait les mêmes études ou les mêmes universités (dans un contexte multilatéral et multiculturel) et se retrouvent avec des compétences identiques. Pourquoi devraient-ils alors se sentir inférieurs ? De plus, l'ouverture au monde – à travers les technologies de l'information et de la communication – leur offre une vision plus diversifiée et dynamique du monde.

Par ailleurs, ces jeunes, en plus d'exiger une relation d'égal à égal entre individus, réclameront, sans gêne ni complexe, un partenariat d'égal à égal entre l'Europe ou l'Asie et l'Afrique, et à l'échelle des pays, par exemple, entre la France, la Belgique, l'Angleterre, la Chine et la Côte d'Ivoire, le Congo, le Ghana. À la vérité, ils n'en peuvent plus d'entendre parler de « relation France-Afrique » (ou Chine-Afrique). Leur question lancinante et légitime reste sans réponse. Cette question se décline ainsi : « Pourquoi tout un Continent pour un seul pays ? ». En fait, la réponse qui fait état de la toute-puissance du seul pays et la faiblesse de tout le Continent ne les satisfont plus. Ils se disent et continueront de se dire : « On est pour quelque chose dans leur richesse qui fait leur suprématie sur nous ». Et alors, ils se diront : « On a tout intérêt envers et contre tout et tous à se donner tous les moyens pour être aussi forts, voire plus forts ».

Les jeunes de l'Afrique moderne exigeront ce nouveau type de relation sans sourciller, et, voudront mettre un terme à tous ces accords secrets incongrus, indécents qui étranglent et tuent l'Afrique. Ils voudront être libres, à même de créer leur propre monnaie et de la gérer sans que cela ne déclenche le courroux de quiconque. Par exemple, ceux de la zone de l'Union Économique et monétaire Ouest-Africaine (UEMOA) trouveront absurde, incohérent le Franc CFA que beaucoup décrient, à l'image du célèbre Reggaeman ivoirien Alpha Blondy. Dans une vidéo disponible sur Youtube[13], ce dernier, en effet, définit le Franc CFA comme « la monnaie de la servitude de l'Afrique francophone », et pense que « nous avons besoin de nous libérer de cette monnaie qui nous enchaîne et qui enchaîne nos chefs d'État », visiblement « victimes de chantage des propriétaires du Franc CFA ».

Ils sont déjà là, ces jeunes. Et ils donnent déjà de la voix. Ils ont récemment, lors du Sommet dit « Afrique-France » qui s'est tenu à Montpellier du 7 au 9 octobre 2021, donné une idée de leur tessiture vocale, de leur capacité de crier le mécontentement qui les habite. Sans faux-fuyant, ils ont exprimé, devant le président français Emmanuel Macron, l'idéal de société et de coopération qu'ils rêvent de voir advenir. Le 8 octobre, particulièrement, lors du panel, les jeunes débatteurs n'ont pas hésité à dire leurs quatre vérités au président de l'ex-puissance coloniale. Crânement. Hardiment.

On retiendra particulièrement l'intervention de la jeune entrepreneuse burkinabé Ragnimwendé Eldaa Koama. Dans un langage sans détour, elle entame ses propos en assénant : « Il faudra surtout parler du vocabulaire dépassé, inadapté, dévalorisant qui réside encore dans vos discours et dans celui de vos institutions lorsque vous vous adressez à l'Afrique ». La jeune entrepreneuse continue en revenant sur l'assistanat paternaliste de la France : « Cela fait près

---

[13] Disponible sur https://www.youtube.com/watch?v=0pYH4kMPekY, Consulté le 22/5/2020.

d'un siècle que votre aide au développement se balade en Afrique. Ça ne marche pas ». Poursuivant sur sa lancée, elle clame : « Sachez que l'Afrique se développera par elle-même, par le potentiel local et solide de la diaspora, et [...] dans l'interdépendance avec les autres nations de la planète ». Pour la Burkinabé, ce développement se fera « à travers des collaborations saines, transparentes, constructives ». Elle n'oublie pas de faire remarquer qu'en Afrique, il y a aussi « des têtes bien faites » ainsi que des « investisseurs », et que « nous innovons déjà ». Ragnimwendé indiquera, en outre, que « l'aide au développement » de la France en Afrique « rend esclave » et « empêche les peuples de s'en sortir par eux-mêmes ». Et, citant l'historien burkinabé Joseph Ki-Zerbo, elle ajoute : « On ne développe pas, on se développe ».

La jeune entrepreneuse titulaire d'un Master en management des systèmes informatiques et d'une Licence en ingénierie des travaux informatiques conclura sur ces notes :

> Si la relation entre les pays d'Afrique et la France était une marmite, sachez qu'elle est très sale, cette marmite. Elle est sale de reconnaissance légère des exactions commises, elle est sale de corruption, de non transparence, de vocabulaire dévalorisant. Elle est sale, M. le Président ! Je vous demande de la récurer [...] Si vous voulez préparer un repas là-dedans, je ne mangerais pas, l'Afrique ne mangera plus. Le repas sera prêt, vous serez le seul à table.

L'entrepreneuse croit fermement que « si on doit vivre ensemble, ça se fera dans l'interdépendance [...], surtout dans le respect et dans la valorisation des uns et des autres ».

C'est dans cette même tonalité sans fioritures que la jeune activiste malienne Adam Dicko inscrit son discours. Résolument, elle assène :

> Monsieur le Président, vous dites tout le temps que sans l'intervention de la France, il n'y aurait pas de gouvernement au Mali. Sachez bien que sans l'Afrique, la France n'existerait pas. Nous sommes liés par l'histoire et vous devez cesser de faire croire que vous voulez aider les Africains. Nous devons plutôt parler de partenariat. L'Afrique n'est pas un continent de misère ou de chômage, mais un continent jeune, optimiste, enthousiaste.

Les propos de la Kényane Adelle Onyango ne sont pas moins audacieux. La jeune femme, qui dénonce « l'arrogance française », martèle : « On doit être brutalement honnête. Nous Africains, ressentons au quotidien la douleur de la colonisation ». Elle ajoute : « Le déni dans lequel la France se complaît est inconfortable ». Et la Kényane de s'interroger : « Comment accorder votre confiance à ceux qui sont la source de votre douleur quand ils ne la reconnaissent pas ? ».

Ces quelques exemples de propos, récents, actuels, donnent une idée de la disposition d'esprit et de la volonté de rupture avec la relation faite de dédain et d'infantilisation d'un continent pourtant berceau de l'humanité. Même si certains y voient de simples mots qui ne peuvent pas changer des habitudes sclérosées et figées d'une « françafrique » à la peau dure, on ne peut pas ne pas orienter les projecteurs sur l'émergence d'une nouvelle jeunesse, qui, sans complexe aucun, tient un langage franc et audacieux devant le puissant président du pays colonisateur. Ce président devant qui leurs aînés, les présidents de leurs différents pays, baissent les yeux, plient l'échine, gobent tout, sans pouvoir sortir le moindre mot pour dire leur désapprobation sur quelque sujet que ce soit, préférant la position confortable et sécurisante de béni-oui-oui.

Pour sûr, ces jeunes qui arrivent voudront ne pas ou ne plus avoir « leur testicule dans la bouche de quiconque », comme le dit le dicton des Agni de Côte d'Ivoire. C'est-à-dire, ils voudront être dégagés de toute compromission pour être libres de leurs actions, sans avoir une sorte d'épée de Damoclès sur la tête. Et, ils seront d'autant plus déterminés qu'ils agiront avec audace, perspicacité, mais aussi avec diplomatie, intelligence et compétence. C'est qu'ils sont de plus en plus conscients que devenus individus-sujets et acteurs-sociaux, ils ont l'exigeant devoir de faire advenir, surgir une Afrique également devenue société-sujet, donc maîtresse de son propre destin et de sa pérennité.

Bien entendu, pour y parvenir efficacement, les jeunes d'aujourd'hui et de demain comprennent qu'ils doivent se positionner en leader et jouer un rôle important dans l'économie numérique. La construction d'une personnalité forte et avisée, donc d'une force de caractère qui inspire confiance, est à rechercher. Ils le savent, tout comme ils savent qu'ils doivent avoir une vision stratégique de l'avenir en développant une capacité à anticiper sur le futur. Le temps où l'on reste inactif et se laisse surprendre par les évènements doit être un vieux souvenir, le temps où l'on n'agit qu'en réactionnaire aussi. C'est l'ère de la créativité, de l'*inventibilité*, l'ère de l'intelligence créatrice.

Comme l'a montré Césaire dans *La tragédie du roi Christophe*, l'acteur social en général, et l'acteur social jeune africain en particulier, prend conscience et réalise que plus que les autres peuples, le peuple africain, dominé et à genoux, a besoin, sa jeunesse en tête, de se mettre résolument et intensément au travail pour relever le défi de la construction de l'avenir. Pour sûr, l'avenir du Continent – balkanisé, saucissonné et mis à genoux – repose sur des acteurs sociaux jeunes (de corps, mais aussi d'esprit) zélés, mus d'un sursaut révolutionnaire et remplis de l'impérative ambition de bâtir l'avenir ! C'est par ces jeunes, par leur fraîcheur, par leur vigueur et la fougue de leurs idées, ainsi que par leur indispensable acharnement au travail pour acquérir des compétences qui les positionnent en leaders, que le Continent survivra de tout ce qui lui a été imposé hier et de ce qu'on lui impose encore aujourd'hui, depuis l'extérieur, avec des complicités internes.

C'est cette jeunesse, telle que décrite, qui réussira à imposer l'indispensable unité du Continent (évoquée dans le premier point de ce chapitre), véritable clef pour retrouver la force dans le combat sans pitié, engagé sur la route de la véritable indépendance et de la liberté, en vue du développement tant chanté, mais pas encore osé, sinon frileusement. L'espoir est permis.

Les acteurs sociaux, en action et en route pour le développement, relèvent donc la tête et refusent de tomber dans la paranoïa et dans la victimisation : ces tendances à toujours se voir en souffre-douleur des autres. Les acteurs sociaux, surtout jeunes, doivent se dire : certes…, mais alors comment sortir de l'étau et des pièges ? Comment résister d'autant qu'il n'est nullement question de faiblir, de se résigner, de plier l'échine ? Et comment alors contourner les nombreux et éprouvants handicaps (matériels, économiques, politiques, structurels, psychologiques, sociologiques, culturels, etc.) qui barrent le chemin ?

3. Les domaines pour oser des actions révolutionnaires

Pour parler du développement – et surtout du développement durable – on décrit généralement les dimensions ou piliers ou encore domaines, à savoir : l'environnement, l'économie et la société. Certains auteurs élargissent le concept pour inclure un quatrième pilier, celui de la culture.

Le rôle et l'importance de la stabilité écologique pour garantir les besoins essentiels et fondamentaux des hommes ne sont plus à démontrer. La qualité de l'air, de l'eau, de la nourriture et des abris est une question majeure et une préoccupation qui orientent les réflexions lors des sommets. De même, s'impose de plus en plus l'urgente nécessité d'un développement économique qui parvient à concilier progrès technique et respect de l'environnement pour le bien de l'être humain. S'impose tout également l'élaboration de politiques publiques solides.

Dans ce livre, l'accent est volontairement mis sur des aspects de ces domaines qui, incontestablement, constituent les leviers du développement de l'Afrique. Il s'agit en particulier de l'éducation, de la santé, de la recherche scientifique et de l'industrialisation.

3.1. L'éducation

L'éducation, en tant qu'elle est un élément essentiel et indispensable au développement humain intégral, donc au développement de tout homme et de tout l'homme, a, de tout temps, suscité les passions, et se présente toujours comme le cadre de réflexions jamais épuisées.

Quel est donc l'état du système éducatif en Afrique et singulièrement en Côte d'Ivoire ? Quelle place réelle accorde-t-on à l'éducation pour un développement intégral des citoyens sous les tropiques africains ?

3.1.1. L'éducation et l'école en Afrique : l'exemple ivoirien

En Côte d'Ivoire, *La Lettre de politique du secteur Éducation/Formation 2008-2010* a mis l'accent sur 3 options stratégiques : la première concerne l'accès au système d'Éducation/Formation, son amélioration et sa stimulation ; la deuxième a trait à l'amélioration de la qualité de l'enseignement ; la troisième s'intéresse au renforcement des capacités de gestion et de planification stratégique. *Le Programme d'Action à moyen terme* de 2012, qui ambitionnait un bien-être social pour tous, s'est décliné en 2 objectifs majeurs : faciliter l'accès à l'Éducation pour tous ; améliorer la performance du système éducatif

Au niveau du *Plan National de Développement (PND) 2016 à 2020*, le deuxième axe stratégique parle de l'« accélération du développement du capital humain et la promotion du bien-être social ». Cet axe indique, en termes d'impact, que « Les populations disposent de qualifications et de compétences pour le développement économique et social de la Côte d'Ivoire » (p. 23). Il s'agit, de façon opérationnelle, d'atteindre les résultats déclinés comme suit : 1- Tous les enfants et les jeunes d'âge scolaire fréquentent des écoles offrant des enseignements de qualité répondant aux normes nationales ; 2- Les hommes et les femmes ont un accès équitable à une formation professionnelle de qualité ; 3- Les populations savent lire, écrire et calculer ; et, 4- L'accès à un enseignement supérieur de qualité est renforcé.

Où en est-on donc avec ces objectifs ? Les résultats ont-ils été atteints ? Les chiffres de l'Institut National de la

Statistique (INS)[14] sont plutôt éloquents : le Taux Net de Scolarisation en 2016-2017 était de 91,0 % (dont Garçons : 91,90 % ; et Filles : 90,10 %). Quant au Taux d'Alphabétisation, en 2016, il était de : Hommes de 15 - 49 ans = 63,8 %, et Femmes de 15 - 49 ans = 47,2 %. Le site de l'Unesco[15] donne des détails sur le Taux net de scolarisation. On note qu'en 2020, au primaire, ce taux était de 91,6 % (contre 66,9 en 2013), dont 88,5 % de filles et 94,8 % de garçons, et au Secondaire 45,6 % (contre 30,2 en 2013), dont 41,4 % de filles et 49,7 % de garçons. Au supérieur, le Taux net de scolarisation était de 10 % en 2019 (contre 8,2 % en 2013), dont 8,5 % de filles et 11,4 % de garçons.

Malgré ces chiffres, le constat sur le terrain est que l'école ivoirienne est grippée et n'arrive pas à relever le défi d'un développement intégral et durable en Côte d'Ivoire (constat indiqué dans plusieurs cadres internationaux, notamment l'*Agenda 2030* pour les Objectifs de Développement Durable, l'*Agenda 2063* pour l'Afrique, etc.). Le système éducatif ivoirien reste toujours fondé sur le modèle hérité de la colonisation ; il évolue dans un environnement socio-économique inégalitaire et dans un climat de précarité avérée.

En effet, le projet éducatif et sa vision optimiste avaient fini par convaincre, en Côte d'Ivoire, d'une volonté de démocratisation de l'école, mais l'on a vite fait de déchanter en constatant qu'on a confondu démocratisation et « démographisation ». En réalité, ici comme ailleurs, l'école divise (Christian Baudelot et Roger Establet, 1975). Il y a celle des « uns » et celle des « autres », selon une certaine catégorisation faite avec une dérision enchâssée dans l'humour ivoirien. En fait, cette école produit

[14] Source : http://www.ins.ci/n/index.php?option=com_content&view=frontpage&limitstart=5, Consulté le 23/04/2021
[15] Source : http://uis.unesco.org/fr/country/ci, Consulté le 25/11/2021

beaucoup d'échecs, des échecs qui semblent insidieusement programmés et planifiés, surtout ceux des enfants d'origine pauvre ; cette situation dévoile les dessous malsains de l'école.

Déjà, dans son article « À qui profitent nos écoles ? » en 1981, Kanvaly Fadiga soulignait la sélection sociale des années 1970, en révélant par la même occasion le sort des classes pauvres et précarisées devant l'école. Des dispositions discriminatoires, explique Kanvaly, ont été mises en place qui catégorisaient les enfants selon leur âge. Ainsi, il y a la catégorie des élèves à exclure de l'enseignement primaire pour arrêt d'étude ou limite d'âge, celle des élèves autorisés à passer au cycle supérieur à cause de leur âge et celle des élèves autorisés à passer au cycle supérieur d'enseignement en raison de leur jeune âge, lequel se situant en deçà de la limite d'âge. On a institué pour ce faire trois séries au concours d'entrée en 6e : série spéciale pour les enfants de moins de 11 ans et 5 mois, 1re série pour les enfants entre 11 ans et 5 mois à 14 ans et 5 mois, 2e série pour les enfants de 14 ans et 5 mois à 15 ans et 5 mois. La discrimination consistait à exiger moins de points, c'est-à-dire moins d'effort aux plus jeunes. Or ces jeunes élèves qui se retrouvent dans la série spéciale sont en général issus de milieux relativement aisés urbains. Ceux à qui l'on demande plus d'effort ou qui sont frappés par l'exclusion pour limite d'âge (notamment ceux qui sont en 2e série) sont fréquemment les enfants provenant de milieux sociaux modestes ou pauvres.

Une chose est certaine, il existe un écart important, considérable concernant les chances d'accès aux différents niveaux d'enseignement entre les enfants issus des milieux relativement aisés et ceux issus des milieux pauvres. Ce qui confirme, sous nos tropiques, les théories bourdieusiennes de la reproduction sociale et du capital culturel qui font de l'école une affaire gambergée pour *Les Héritiers* (Pierre Bourdieu, 1964). En effet, loin de garantir l'égalité des chances, comme on le prétend, l'école, en réalité, selon cette théorie, reproduit la structure sociale préexistante. À la vérité, les classes aisées bénéficiant de privilèges sociaux qui favorisent la réussite de leurs descendants. De fait, ce sont les propriétés sociales de ces descendants – les héritiers – notamment leur capital culturel, qui sont transformées par l'école en titre scolaire. Toute chose qui contribue à marquer la reproduction des rapports sociaux de domination. Ainsi, l'école démocratique n'est qu'un leurre, de même que le sont l'école égalitaire, l'école unique, l'école neutre ou encore l'école méritocratique. Ce ne sont souvent que de grands slogans, vides quant au contenu. La réalité est que l'école reproduit, en faisant la part belle aux enfants de classes aisées. Elle est inégalitaire.

L'inégalité est toujours en défaveur des couches pauvres, affirme le *Rapport d'État du Système Éducatif Ivoirien* de février 2010 : « L'intensité du handicap des jeunes de milieu social défavorisé en cours d'études est croissante avec le niveau d'enseignement ».

Les écoles, souvent vétustes et mal équipées, ne parviennent pas à absorber les nouveaux élèves. Pourtant, la loi de 1995 (Loi N° 95-696 du 7 septembre 1995) a réaffirmé le droit à l'éducation et l'égalité de traitement de tous les citoyens, notamment dans l'enseignement public. L'éducation est un droit fondamental reconnu comme tel pour tous les citoyens, comme le stipule l'article 26 de la Déclaration Universelle des Droits de l'Homme, en son alinéa 1 : « Toute personne a droit à l'éducation ». Puis, le même alinéa apporte cette précision : « L'éducation doit être gratuite, au moins en ce qui concerne l'enseignement élémentaire et fondamental. L'enseignement élémentaire est obligatoire ». Dans la même optique, l'article 7 de la

Constitution ivoirienne[16] dispose : « L'État assure à tous les citoyens l'égal accès à la santé, à l'éducation, à la culture, à l'information, à la formation professionnelle et à l'emploi ».

L'adoption du Plan National de Développement du secteur Education Formation (PNDEF, 1998-2010) en septembre 1997 par le gouvernement avait alors suscité beaucoup d'espoir au sujet de l'école et de l'école pour tous. Dans cette perspective, le *Document Intérimaire de Stratégie de Réduction de la Pauvreté* (2002) affirmait l'aspiration du gouvernement de faire de l'éducation l'un des secteurs pour la réduction de la pauvreté, étant entendu que l'éducation permet un renforcement du capital humain.

Malheureusement, entre les professions de foi (d'hier et d'aujourd'hui) et la réalité, il y a souvent un écart très criant. Ainsi, en 2017, le Réseau ivoirien pour la promotion de l'éducation pour tous (RIP-EPT) déplorait des effectifs pléthoriques par classe, un manque de cantines dans les écoles primaires et d'internats dans les établissements secondaires. Le RIP-EPT regrettait également que les kits scolaires gratuits ne soient pas toujours distribués aux élèves les plus démunis comme cela devrait l'être.

Bref, le système éducatif en Côte d'Ivoire ne se porte pas bien. C'est peu de le dire. Caractérisée par un certain laxisme, l'école ivoirienne ne fait plus rêver. Elle est dans un piteux état, avec des grèves à répétition et des années universitaires où l'on se perd. La conséquence est bien connue : la baisse vertigineuse du niveau des élèves et des étudiants. Le Rapport 2019-2020 du Programme d'Analyse des Systèmes éducatifs (PASEC) est là pour rappeler la triste réalité.

---

[16] Loi n° 2000-513 du 1er août 2000 portant constitution de la Côte d'Ivoire

Le Rapport précise, en effet, qu'au niveau de la langue, il y a une insuffisance manifeste de compétence : sur les 14 pays évalués, 10 présentent une distribution dans laquelle une part importante de leurs élèves n'atteint pas le seuil suffisant de compétence en langue. Parmi ces pays, les élèves ivoiriens (66,9 %), mais aussi guinéens (76,7 %), togolais (75,6 %), tchadiens (66 %), burkinabé (65,8 %), béninois (62,4 %) et camerounais (60,6 %), ne disposent pas des compétences pour poursuivre sans difficultés leurs apprentissages. Plus grave, 82,8 % des élèves ivoiriens au Primaire ne sont pas en mesure de lire aisément plus de vingt lettres en une minute.

En lecture, près de 72 % des élèves de début de scolarité primaire sur l'ensemble des pays de l'enquête PASEC 2019 ne sont pas en mesure de lire facilement plus de vingt lettres en une minute. La tendance est encore plus prononcée dans la moitié des pays de l'évaluation où plus de 75 % des élèves sont concernés : RDC (92,4 %) ; Tchad (89,2 %) ; Côte d'Ivoire (82,8 %) ; Congo (81,1 %) ; Togo (79 %) ; Guinée (78 %) et Bénin (75,7 %). Les études ont montré que la non maîtrise d'au moins 80 % de l'alphabet constitue un obstacle majeur à l'acquisition des compétences de lecture.

Par ailleurs, certaines écoles, à Abidjan, comme à l'intérieur du pays, sont entourées de bars distillant de la musique assourdissante en pleine journée, pendant que les cours se déroulent à quelques mètres de là. L'environnement sanitaire reste aussi à désirer : on trouve des écoles entourées de tas d'ordures non ramassés par les services compétents ; on note également une insuffisance marquée de latrines fonctionnelles, obligeant les élèves à faire leurs déjections à proximité des écoles. Ce qui constitue un grave danger pour les élèves. De plus, on note la présence de fumoirs aux alentours des écoles, avec des petits revendeurs qui font circuler la drogue. Quand ils n'ont plus accès à l'école, les dealers recrutent des élèves qui, eux, font entrer la drogue au sein de l'école. Selon une enquête réalisée par la journaliste Philomène Kouamé de l'Agence Ivoirienne de Presse (AIP) le 02/03/2021 et rapportée par le site *Abidjan.net*[17], les établissements scolaires sont un marché juteux pour les dealers. L'enquête indique qu'en « 2020, plus de 200 élèves ont été interpellés dans les écoles et les fumoirs, selon la direction de la police des stupéfiants et des drogues (DPSD) » ; que « D'après cette direction, de janvier 2019 à mars 2019, 334 élèves ont été interpellés. Au sein des écoles, 356 jeunes ont été interpellés de janvier 2018 à mars 2019 ». En 2017, ce sont des groupes d'élèves de « 16 établissements scolaires du district autonome d'Abidjan » qui ont été appréhendés ; « plus de 900 personnes ont été déférées devant les juridictions pour des infractions liées à la drogue », toujours d'après la DPSD. La police rapporte aussi que la drogue entre dans l'école par la complicité des vigiles des établissements, soudoyés pour laisser passer la marchandise, et les mettre à disposition d'élèves qui fument souvent dans les toilettes.

L'école, en Côte d'Ivoire, est réellement malade. Du primaire à l'université, les maux sont légion. À tous les niveaux, on note un sérieux décalage entre la couverture en infrastructures et les besoins réels. Les enfants et les jeunes issus des zones moins dotées sont obligés de parcourir plusieurs kilomètres pour aller à l'école la plus proche.

Au primaire, on l'a dit, tous les enfants en âge d'être à l'école, n'y sont pas. Et nombre de ceux qui y sont, vivent dans des conditions inimaginables de précarité, surtout dans

[17] Philomène Kouamé, mars 2021, « Drogue : Les établissements scolaires, un marché juteux pour les dealers (Enquête) », disponible sur https://news.abidjan.net/h/688734.html, Consulté le 23 avril 2021.

plusieurs villes de l'intérieur du pays. On rencontre des enfants obligés d'aller en classe le ventre vide. Beaucoup, tourmentés par la faim, restent chez eux ou dans la rue, cherchant de quoi se nourrir pendant la pause de la mi-journée, ou abandonnent carrément, notamment dans les villages, pour suivre les parents au champ. Dans ces conditions, au sujet de « l'école pour tous », ce n'est pas demain que l'hirondelle fera le printemps.

Au secondaire, ce n'est pas plus reluisant. Le constat est aussi désolant : insuffisance des structures, effectif pléthorique, grèves, programmes souvent inachevés, formation presque au rabais, dégradation des mœurs, démotivation des enseignants, pauvreté et précarité chez nombre d'élèves.

À l'université, c'est le même son de cloche : insuffisance de structures et d'enseignants, violence multiforme, grèves répétées, années interminables, inadéquation de certains programmes, dégradation des structures, manque patent de laboratoires équipés, de salles spécialisées, amphis surchargés, précarité et conditions de vie et d'études difficiles pour beaucoup d'étudiants. Cette énumération n'est pas exhaustive.

Pour ceux qui se débrouillent pour finir les études, il se pose constamment la question d'employabilité : le marché d'emploi est saturé, et on n'a pas souvent tenu compte, dans les programmes de formation et les parcours, de l'adéquation formation-emploi. En outre, la formation à l'entreprenariat est très faible.

3.1.2. L'éducation pour le développement intégral

Dire que l'éducation est la clé pour révéler le niveau et le défi du développement d'un pays serait une lapalissade.

En effet, pour que toute société humaine évolue et réponde à ses aspirations (en matière de développement social et économique, d'égalité et de paix, de démocratie, et plus, de gouvernance inclusive favorisant l'autonomisation des femmes et des jeunes), le fondement est l'éducation, une éducation intégrale de qualité.

Avec Amartya Sen, il faut sûrement appréhender la liberté d'accès à l'éducation comme une des conditions déterminantes du développement. En effet, le grand économiste et philosophe indien montre que la liberté d'accès à l'éducation, et surtout à l'éducation élémentaire pour l'ensemble de la population, est une condition sine qua non du développement. Sen (2000 : 51) en veut pour preuve l'exemple japonais. Il explique que « le taux d'alphabétisation était plus élevé qu'en Europe [...] dès les débuts de l'ère Meiji, au milieu du XIXe », et ce, « alors que le pays n'avait pas engagé sa révolution industrielle ». Pour le prix Nobel d'Économie en 1998, le Japon a bénéficié, pour son développement économique « dans une large mesure de la qualité de ses ressources humaines, résultant d'un large éventail d'opportunités sociales ».

Comparant les situations indienne et chinoise, Amartya Sen indique : « Si les efforts indiens ont abouti à quelques succès, ils restent très en deçà des résultats de grande ampleur obtenus par la Chine » (p. 52). Or, le secret chinois se trouve dans sa stratégie éducative. Il explique :

> La Chine avait tablé depuis longtemps sur une généralisation de l'éducation et de l'accès à la santé. Au moment de sa réorientation économique, [Le pays] affichait un taux d'alphabétisation très élevé, en particulier dans les couches les plus jeunes de la population et disposait d'un système scolaire bien réparti sur l'ensemble du territoire.

L'auteur explique que l'Inde, « avec sa population adulte pour moitié analphabète, souffrait d'un terrible handicap lorsqu'elle s'est ouverte au marché mondial en 1991 » (*idem*), et, fait remarquer ceci : « Un pays pauvre dispose d'un faible budget pour la santé et l'éducation, mais il peut aussi fournir ces services pour un coût bien moindre que leur équivalent dans des pays plus riches » (p. 56).

Dans la même perspective des grandes percées, on a l'histoire de la Corée du Sud qui, alors qu'elle était classée parmi les nations les plus pauvres de la terre, occupe aujourd'hui la 11e place au niveau mondial et est comptée parmi les pays développés sur le plan économique. Cette position, elle la doit en particulier à son investissement dans les domaines de l'éducation et de la santé.

Bref, négliger l'éducation dans une société, c'est signer l'arrêt de mort de cette société. À ce titre, voici un texte anonyme, très éloquent, attribué à « Un professeur d'université en Afrique du sud », qui circule sur Internet et les Réseaux sociaux numériques :

> Pour détruire une nation on n'a nullement besoin d'armes atomiques ou de missiles interContinentaux…, mais seulement de réduire la qualité de son éducation et permettre aux étudiants de tricher !!!
>
> Ainsi, le malade mourra dans la main d'un médecin qui a réussi par tricherie !!! Les édifices s'écrouleront dans la main d'un ingénieur qui a réussi par fraude… On perdra beaucoup de fonds dans la main d'un comptable arrivé par fraude !!! Les étudiants transformeront leur université en unité de grève. Les fonctionnaires vont en grève pour réclamer des salaires énormissimes au détriment de la masse laborieuse. Les politiciens vont instrumentaliser une partie du peuple, jeter dans la rue pour leur réclamer le pouvoir à sang. Les présidents élus vont toujours tripatouiller la constitution pour un 3e mandat.

Ainsi, un militaire ou un soldat qui a triché va fuir le combat et mettre son pays en danger. Une hiérarchie militaire qui est parvenue dans les mêmes circonstances aux affaires, détournera les fonds destinés pour la sécurisation et la défense de la nation. Les maires et les députés vont se servir au lieu de servir loyalement la nation. Les athlètes ou les sportifs revendiqueront toujours les primes en lieu et place du patriotisme. Les commis de l'État vont mettre en avant les perdiemes au cours du renforcement des capacités.

Les politiciens s'occuperont des prochaines élections au lieu de la sécurité du peuple. La religion s'éteindra dans la main des théologiens qui ont réussi par la fraude !!! La justice s'envolera dans la main des magistrats qui ont réussi grâce à la fraude !!!

L'ignorance se répandra parmi la jeune génération dans la main d'enseignants qui ont réussi par fraude !!!

Chute de l'éducation = Chute de la nation !

« L'éducation est l'arme la plus puissante que l'on puisse utiliser pour changer le monde », déclarait Nelson Mandela à Mexico en 2007. Le vrai défi aujourd'hui, en termes d'éducation, c'est de revoir le système, refonder les bases en tenant compte des enjeux locaux impliquant l'employabilité, mais aussi ceux qu'impose la mondialisation. Il s'agit de mettre en place un système éducatif qui produit des acteurs compétents, aptes à relever les défis futurs, et pas seulement de creux et fumeux encyclopédistes ; un système éducatif qui forme de vrais leaders ayant des convictions et des croyances fortes, affirmées, donc des leaders prompts à se lever et se dresser pour défendre la vérité, le droit et la justice ; un système éducatif capable de produire des entrepreneurs audacieux ; un système éducatif qui sait puiser dans la culture locale, en comprenant, en outre, que le rendez-vous au concert des nations, dans le contexte de la mondialisation, implique une prise en compte certaine des éléments de la culture des peuples.

Il s'agit de penser une éducation qui tienne compte de l'évolution du temps. Cette éducation ne doit pas être désincarnée. Aujourd'hui, eu égard à l'évolution technologique fulgurante et vertigineuse qui caractérise la société moderne d'hyper-consommation, d'hyper-connexion et d'hyper-communication (avec ses réseaux et médias sociaux), les acteurs de l'éducation doivent sentir le besoin de repenser ou de revisiter les stratégies, les modèles et les paradigmes de l'éducation. En clair, il faut opter pour une éducation qui forme la génération d'aujourd'hui avec la projection qu'elle sera celle qui, demain, aura en main les rênes du Continent. La formation doit être des plus solides pour tenir la concurrence mondiale. L'école doit former des personnes compétentes, aptes à créer, à inventer. L'invention concerne, entre autres, ce qu'il faut pour mécaniser l'agriculture, pour conserver les produits agricoles, pour les transformer et pour les exporter.

Il faut donc en finir avec l'école de la médiocrité, de l'à-peu-près, du bricolage, où il est permis de passer au niveau supérieur sans réellement avoir le mérite. Il faut également en finir avec l'école des perturbations intempestives, l'école où les apprenants imposent leur loi, dont celle d'aller en congé quand ils le veulent. Il faut tout aussi en finir avec cette école où les autorités qui ont le pouvoir et les moyens de régler les problèmes préfèrent laisser les situations perdurer et dégénérer avant de se décider à trouver un début de solution. Il faut, pour tout dire, en finir avec une école qui déforme plus qu'elle ne forme.

Il apparaît, dans l'urgence, nécessaire d'élaborer des politiques d'éducation qui prennent en compte les besoins réels, qu'on s'attelle à réaliser effectivement. Les États et les gouvernements doivent s'assurer de la bonne répartition des écoles, de la disponibilité du matériel pédagogique et didactique pour garantir la qualité de la formation en vue de développer les compétences fondamentales des apprenants. Pour ce faire, ils doivent multiplier les investissements et les partenariats publics et privés dans le domaine de l'éducation. Afin d'assurer l'éducation de tous, il faut également favoriser l'accès à l'éducation des filles. Il y a aussi le besoin d'adapter l'éducation au marché de l'emploi : un emploi stable et bien rémunéré.

Par-dessus tout, il importe de mettre en place un système éducatif qui promeut une éducation intégrale prenant en compte l'Homme intégral, c'est-à-dire une éducation qui prend en compte l'homme et tout homme. L'éducation qui vise le développement intégral devra alors se préoccuper de la construction d'un individu respectueux de la dignité et de la vie humaines ; un individu promoteur de la liberté, capable d'écoute et de compréhension, d'interprétation des situations, capable d'analyse de l'information pour élaborer des solutions possibles aux problèmes du monde contemporain, donc capable d'esprit critique ; un individu protecteur de l'environnement, travailleur, promoteur des vertus morales en famille, au travail, et partout où il se trouve. Autant dire une éducation qui vise *Le métier d'Homme* (Benoît Kouakou, 2021), donc l'art d'être Homme et de vivre en Homme debout. En réalité, il s'agit d'une éducation qui laisse éclore l'individu-sujet, en tant qu'être de désir, d'ardeur et d'audace, porteur d'un idéal de société, et mû par une passion de libération et de liberté. Cet individu-sujet est désormais capable de prendre en main son propre destin, en refusant ce qu'il juge inacceptable et en résistant contre ce qui s'attaque à son ambition de réalisation personnelle et communautaire.

En tout état de cause, penser l'éducation en vue du développement intégral revient aussi à penser une éducation qui éduque la personne et la personnalité aux valeurs fondamentales de courage, d'audace, de persévérance, de résilience, d'intégrité, pour ne citer que celles-là. Cette éducation de l'homme intégral ne peut faire abstraction des valeurs morales pour éloigner des vices de tous ordres : dépravations sexuelles, conduites déviantes (banditisme, vol, etc.), conduites addictives (tabagisme, alcoolisme, toxicomanie, cyberdépendance, etc.).

C'est certain, la mission dévolue à l'éducation par toutes les sociétés, c'est d'aider à la construction de l'être. Dans cette vision, Philippe Meirieu (1997 : 31) définit l'éducation comme « une relation dissymétrique, nécessaire et provisoire, visant l'émergence d'un sujet ». L'aspect provisoire suggère que l'éducateur s'éclipse à un moment donné, sûr d'avoir aidé à l'affranchissement d'un individu désormais mature, autonome et prêt pour la vie sociale avec ses challenges.

In fine, la question de l'éducation en lien avec le développement durable et le développement humain intégral ouvre sur le projet que doivent se donner les pays africains en vue de la construction d'individus-sujets et d'acteurs sociaux bien au fait des valeurs locales, pour être valablement porteurs de valeurs et de droits universels. L'heure est donc venue de promouvoir une éducation et une formation mettant l'accent sur les valeurs et la vraie histoire de l'Afrique, en corrigeant certains contenus erronés et manipulatoires. Que sait-on réellement de l'histoire de l'Afrique pré-esclavage et précoloniale, de ses royaumes, de ses chefs et rois, de ses guerriers, de ses héros et de leurs résistances, etc. ? Que sait-on si ce n'est ce qu'on a, pendant longtemps, voulu qu'on sache ? Que sait-on sinon ce qui a été, comme *généreusement*, consigné dans les livres par le chasseur qui a le monopole de raconter l'histoire de la chasse ? La jeune génération a le droit de connaître la vraie histoire de son Continent. C'est un impératif en vue de s'affranchir d'une domination qui s'est longuement servi de l'éducation pour semer sournoisement le complexe d'infériorité qui conduit à l'indolence.

Le temps est alors venu de s'interroger sur le référentiel de construction de la pensée africaine. Il faut se demander pourquoi les préférences sont plus portées vers les penseurs et auteurs occidentaux que vers les penseurs et auteurs africains. Les Cheikh Anta Diop, Amadou Hampâté Bâ, Joseph Ki-Zerbo, Théophile Obenga, Achille Mbembe, Bernard Dadié, Zadi Zaourou, Jean Marie Adiaffi et bien d'autres ne fournissent-ils pas suffisamment de matière pour construire une éducation basée sur la pensée africaine et ouverte sur le monde ? Bien sûr que si ! Il faut déconstruire les schèmes, s'affranchir d'une certaine pensée dominante, guérir de l'idéologie de domination. Il faut, en quelque sorte, décoloniser les concepts et percepts. Le moment est venu de mettre en place une éducation holistique restauratrice de vérité, et à même de susciter et valoriser la relation d'interdépendance de l'homme africain avec son milieu.

3.2. Le système de santé

Dans son rapport de 2018 sur l'état sanitaire en Afrique, l'Organisation Mondiale de la Santé (OMS) indique que le quart des malades du monde se trouve en Afrique. Et pourtant, elle ne fabrique que moins de 2 % des médicaments qui sont utilisés sur le Continent, ne bénéficie que d'un peu plus de 1 % (1,3 %) des ressources financières mondiales consacrées à la santé et ne dispose que de 3 % des professionnels de santé.

La question de la santé en Afrique constitue un vrai défi ; et, ce n'est pas un euphémisme de dire que la santé est malade. Le besoin de santé et les besoins en santé sont un problème crucial. La demande en santé est grande tandis que l'offre en termes d'infrastructures et de personnels est très faible. Selon le site du Centre de Recherche pour le Développement International (CRDI)[18], « En Afrique de l'Ouest, on a établi des liens entre la difficulté d'accès aux services de santé et l'augmentation de la mortalité chez les enfants de moins de cinq ans ». Le CRDI parle de « lacunes systémiques », de plusieurs problèmes négligés qui influent « sur l'accès des populations pauvres et vulnérables aux services de santé ». Il s'agit entre autres « des pratiques non conformes aux normes officielles, des goulots d'étranglement au sein des organismes de santé ». Il y a aussi « des lacunes dans la mise en œuvre des politiques de santé sur le terrain ».

En plus d'être insuffisants, les centres de santé dans la plupart des pays d'Afrique, surtout en Afrique subsaharienne, sont de véritables mouroirs, du fait d'un plateau technique souvent vétuste. La question qu'on se pose est celle-ci : finalement, où est la priorité, si la vie des citoyens ne l'est pas ? Pourquoi n'investit-on pas dans le système sanitaire pour garantir une meilleure santé aux populations afin qu'elles soient de véritables acteurs de développement ? Le troisième Objectif de Développement Durable stipule à juste titre qu'il faut « Permettre à tous de vivre en bonne santé et promouvoir le bien-être de tous à tout âge ». Où en est-on en Afrique ? Quelle est la volonté politique, donc l'action des États, destinataires naturels des textes onusiens ?

---

[18] « Les problèmes négligés des systèmes de santé en Afrique : une incitation aux réformes », https://www.idrc.ca/fr/projet/les-problemes-negliges-des-systemes-de-sante-en-afrique-une-incitation-aux-reformes, Consulté le 17/10/2020

Les dirigeants africains vont-ils continuer de laisser leurs concitoyens mourir, faute de structures sanitaires appropriées, pendant qu'ils vont, sans état d'âme, se soigner en Occident ? Pourquoi donc ne pas investir de sorte à avoir un plateau, une politique et un système sanitaires dignes de pays qui regorgent de ressources ?

Pour la journaliste béninoise Falila Gbadamassi (2019), « La démarche s'est tellement systématisée que même en cas d'urgence, il semble qu'il n'y ait pas d'autre choix que d'organiser une évacuation sanitaire »[19]. Il y a là comme une certaine incongruité dans l'attitude des dirigeants africains. Issaka Souaré, fonctionnaire international et écrivain, constate que « Bien des dirigeants africains se font évacuer à l'étranger par manque d'infrastructures sanitaires chez eux ». Alors, il s'interroge : « Pourquoi n'investissent-ils pas alors, ne serait-ce que dans un établissement de référence ? [20] ». Selon lui, « ces leaders démontrent aussi à la face du monde, si besoin en était, qu'ils abandonnent leurs pauvres concitoyens à leur propre sort ». Issaka Souaré continue :

> Admettons que la construction, l'équipement et l'entretien d'une structure médicale moderne demanderaient beaucoup de fonds. Mais imaginons les fonds colossaux nécessaires pour la prise en charge d'un chef d'État à l'étranger. Sachant que ceux-ci ne voyagent pas modestement, notamment pour un tel séjour médical. Il faut compter le coût des soins, du logement, de la sécurité et de tout ce qu'il faut pour assurer les commodités usuelles.

---

[19] En ligne sur https://www.francetvinfo.fr/monde/afrique/politique-africaine/ces-presidents-africains-qui-preferent-se-faire-soigner-a-letranger_3233135.html, Consulté le 17/10/2020

[20] En ligne sur https://www.wathi.org/debat_id/systemes-de-sante/contributions-systemes-de-sante/leternelle-hospitalisation-des-dirigeants-africains-a-letranger/, Consulté le 17/10/2020

L'auteur poursuit :

> Multipliez cela par le nombre de telles évacuations et des suivis médicaux subséquents du chef de l'État. Ajoutez-y les mêmes traitements pour ses ministres et autres dignitaires de l'État, et ce, au fil des années. Il faut compter aussi le temps nécessaire pour l'évacuation et qui aurait été suffisant pour sauver la vie de l'illustre patient s'il était hospitalisé sur place chez lui.

Il faut également imaginer « le tribut humain que payent les populations à cause de l'absence de ces infrastructures », indique, en outre, le fonctionnaire international. De fait, pendant que les dirigeants dépensent des sommes faramineuses pour leurs traitements à l'étranger, le reste du peuple meurt de sa belle mort, dans la pauvreté ; et le Continent continue d'être en proie à des maladies qui pourraient être évitées ou maîtrisées ou éradiquées si l'on faisait de la question de la santé une priorité dans les faits, et non pas seulement dans des discours emphatiques.

Falila Gbadamassi, prenant l'exemple du président nigérian Muhammadu Buhari, éclaire sur les effets financiers énormes que ces évacuations de hautes personnalités entraînent : c'est une « affaire de gros sous », note-t-elle ; et la journaliste d'indiquer :

> En 2017, le président nigérian Muhammadu Buhari s'était rendu deux fois à Londres, en Grande-Bretagne, pour des soins médicaux. L'un de ses séjours avait duré trois mois. Au grand dam des Nigérians, qui s'étaient interrogés sur le coût des soins de leur chef d'État pour le contribuable.

Puis, elle rapporte les explications de l'universitaire Tahiru Azaaviele Liedong dans un article publié par *The Conversation* :

> Par exemple, le coût du stationnement de l'avion de Buhari pendant son séjour de trois mois à Londres est estimé à 360 000 livres sterling (environ 420 000 euros) [...] Ce qui équivaut à environ 0,07 % du budget alloué à la santé au Nigeria qui est de 304 milliards de nairas cette année (en 2017, soit plus de 742 millions d'euros, NDLR). Et il aurait eu beaucoup d'autres frais plus lourds engagés pendant son séjour.

Des pays comme le Maroc et l'Afrique du Sud, pour ne citer que ceux-là, font néanmoins la fierté de l'Afrique en faisant l'effort de mettre en place des plateaux techniques dignes. Une publication en 2019 sur *magazinedelafrique.com*[21], fournit plus de détails :

> Seuls quelques pays – le Malawi, l'Éthiopie, la Gambie et le Swaziland, consacrent plus de 15 % de leurs dépenses à la santé. L'Afrique du Sud, la Namibie, la République centrafricaine, le Burundi, le Lesotho, Le Cap-Vert et la Tanzanie y consacrent entre 11 % et 14 %. Les pays les plus mal classés, au-dessous de 5 %, sont le Nigeria, l'Érythrée, le Cameroun et l'Angola.

L'Afrique se réveillera-t-elle pour réaliser les Objectifs du Développement Durable en matière de santé ? Surtout, pourra-t-elle « Faire en sorte que chacun bénéficie d'une couverture santé universelle », d'une « protection contre les risques financiers » pour donner « accès à des services de santé essentiels de qualité et à des médicaments et vaccins essentiels sûrs, efficaces, de qualité et d'un coût abordable » ?

Le véritable défi, aujourd'hui, c'est de mettre sur pied des structures de santé avec un plateau technique de pointe et

[21] Allen Choroma, 2019, « Dirigeants africains, soignez-vous dans votre pays ! », https://magazinedelafrique.com/opinion/dirigeants-africains-soignez-vous-dans-votre-pays/2/, Consulté le 4/05/2020

des services de qualité, c'est de bâtir un système de santé pérenne. On ne saurait en faire l'économie ; c'est une exigence fondamentale pour le développement de l'Afrique. Il n'est plus à démontrer, en effet, que, quand la population est en bonne santé, elle est plus productive.

Il s'agit de réformer le système sanitaire qui souffre terriblement de sous-investissement, de l'améliorer de fond en comble pour qu'il soit véritablement profitable aux populations. Il y a là une question de bien-être humain. Il faut revenir à la déclaration d'Abuja en 2001 qui a engagé les gouvernements africains à consacrer 15 % de leur budget national au secteur de la santé.

Pour relever ces défis, et mettre fin, par la même occasion, à la honteuse absurdité de l'attitude des dirigeants africains (allant se soigner dans les hôpitaux de référence d'Occident pendant que le peuple meurt dans des centres de santé sous-équipés), il faudra certainement prendre des mesures contraignantes. Il importe, en effet, de légiférer pour que les dirigeants des pays africains, de même que ceux qui occupent des hautes fonctions dans l'administration publique, se soignent prioritairement en Afrique, dans leur propre pays. Une telle mesure obligera ces personnalités à mieux orienter les financements pour équiper les hôpitaux et relever les plateaux techniques. Elles se verront, de fait, dans l'obligation de construire des hôpitaux de référence et en nombre suffisant. De la sorte, les hôpitaux d'Afrique ne seront plus des mouroirs des petites gens.

Il apparaît urgent que la question de la santé, sur le Continent, soit la priorité des gouvernements et des collectivités. Il y a le besoin de mobiliser les ressources endogènes et en assurer la bonne gouvernance, dans une planification stratégique cohérente bien mise en œuvre. À l'évidence, il est illusoire de penser que l'on puisse éradiquer des fléaux tels que le paludisme, le VIH-SIDA, la tuberculose, etc. avec l'argent des « autres ». L'Afrique, à ce niveau aussi, doit se réveiller et prendre en main, de façon responsable et déterminée, son destin, notamment à travers un partenariat public-privé durable, sur des bases saines. Il convient de démocratiser l'accès aux soins et aux préventions contre les maladies. En plus de la qualité du plateau technique, la formation d'un personnel de santé qualifié et consciencieux est une nécessité, tout comme la prise de décision en matière de mise en œuvre de stratégies efficientes et contextualisées de santé basées sur des évidences scientifiques.

C'est dire qu'il faut mettre en place un système de santé performant, résilient et réconcilié avec le peuple dont il est au service. Il faut en finir avec les discours pompeux et creux ainsi qu'avec les recommandations mises dans les tiroirs aussitôt adoptées. Il est question de passer aux actes, car il s'agit de la santé ; et la santé, c'est sacré. L'universalité de la santé est une question hautement éthique et étatique : il n'y a de richesse que d'hommes. Démissionner en matière de santé, c'est se montrer méprisant et impitoyable face à l'homme et face au peuple.

3.3. La recherche scientifique

Le développement durable ne peut se faire sans un vrai engagement dans la recherche scientifique, étant donné que c'est la recherche scientifique qui féconde le développement. Comme le dit Bonaventure Mvé-Ondo (2004 : 210), « La science n'est pas seulement utile aux pays développés, elle peut aussi aider au développement et à la paix des pays pauvres », et ce, « à condition de s'adapter aux réalités et aux logiques du terrain ». L'Afrique a besoin, pour son progrès, de se focaliser sur la recherche scientifique. Pour Mvé-Ondo, « Le paradigme actuel du développement est que l'avenir appartient aux "seules sociétés de savoir" » (p. 212). En accord parfait avec Kazancigil (1998 : 77), il pense que « toute société qui ne s'investit pas dans la science est appelée à disparaître. Autrement dit, le vrai capital, ce n'est pas le sous-sol, mais le gisement de matière grise ».

Ainsi, plus que jamais, l'Afrique est mise devant ses responsabilités : elle réalise que personne ne viendra faire son bonheur à sa place ; elle réalise que, comme le dit le proverbe Agni, « Quand on a mal à la tête, on dit : ma tête ! ma tête ! On ne dit pas : notre tête ! notre tête ! ». Il y a bel et bien une nécessité de prendre en main son propre destin, car régulièrement, l'instinct de survie pousse chacun à d'abord penser à soi. La pandémie du coronavirus (Covid-19) en a d'ailleurs donné la preuve, s'il en était encore besoin. L'Afrique est comme invitée à refuser de se recroqueviller sur sa misère et à user de toutes les armes en sa possession pour inventer une réplique appropriée à la situation qui s'impose à tous. Elle est invitée à résolument inventer son propre modèle de survie et de développement.

Le chapitre 35 de *L'Action 21* (ou *Agenda 21*) adoptée lors du Sommet de la Terre en 1992 à Rio de Janeiro (Brésil), pour indiquer le rôle majeur des moyens scientifiques et techniques, s'est intitulé : « La science au service d'un développement durable ». Le développement durable, qui prend en compte les besoins présents en se préoccupant de ceux des générations futures, ne peut se faire sans une recherche scientifique qui se concentre sur ces besoins pour en étudier les différents aspects en vue d'une projection à court, moyen et long terme.

C'est pourquoi la recherche a besoin d'être une recherche scientifique incarnée, c'est-à-dire une recherche qui tient compte des réalités régionales en même temps qu'elle s'ouvre intelligemment sur les grandes problématiques universelles, globalisation oblige. Sans ce préalable d'incarnation, il y a un risque d'échec évident, un risque d'inadaptabilité. Une grande erreur a toujours été de croire que pour développer l'Afrique, il suffisait de lui appliquer « le paradigme dominant de la science moderne, paradigme qui a lui-même conduit au développement de l'Europe », écrit Mvé-Ondo (p. 211). Malheureusement, « l'application de ce paradigme en Afrique s'est révélée inefficace pour une raison essentielle, à savoir l'impossible mise entre parenthèses du fait sociétal africain ». Autant dire que l'Afrique a un besoin impérieux « d'instruments qui peuvent lui permettre d'élaborer, dans sa propre culture, une représentation valable [...] dans sa quête d'un développement ». En tout état de cause, « La science ne peut apporter du développement durable si elle est instrument de domination et d'oppression d'un groupe sur un autre » (p. 215).

Par exemple, dans le cadre spécifique de la recherche par rapport à la Covid-19 (pour rester collé à l'actualité), il y a la nécessité de composer avec les réalités locales, c'est-à-dire les ressources naturelles, le capital culturel et le capital humain (sans exclusion d'aucune compétence). Dans cet ordre d'idées, la collaboration entre médecine moderne et médecine traditionnelle africaine est une aubaine pour l'Afrique face à la pandémie. L'idée est d'éviter de tomber dans un mépris ou une sous-estimation ou une sous-évaluation des potentialités du terroir ; il faut éviter le piège de la dévalorisation culturelle. Le sociologue et anthropologue Alfred Babo, dans un article intitulé « L'Afrique doit s'émanciper pour mettre en avant sa propre recherche scientifique »,[22] écrit : « Cette propension

[22] Alfred Babo, « L'Afrique doit s'émanciper pour mettre en avant sa propre recherche scientifique », https://www.lemonde.fr/afrique/article/2020/05/10/coronavirus-l-afrique-doit-s-emanciper-pourmettre-

à sous-évaluer la civilisation africaine s'est tellement bien incrustée chez les Africains eux-mêmes que certains États font la guerre à la médecine dite "traditionnelle" ». Pour lui, « L'Afrique doit résolument quitter les sentiers tortueux du modèle de copier-coller » en vue de sereinement « engager sa propre révolution culturelle fondée sur la valorisation de ses savoirs, trouvailles et connaissances ». Partant des exemples malgache et béninois, Alfred Babo montre qu'il y a bien en Afrique des recherches qui attestent de la volonté des Africains « de réfléchir par eux-mêmes [...], mais aussi [...] des ressources humaines de qualité [qui] ne demandent qu'à être mises en avant par les Africains eux-mêmes ». Certes, « Il n'est pas dit que ces recherches ne passeront pas par des fiascos, mais les Africains ne doivent pas être complexés par l'échec » inéluctable à toute recherche scientifique, tant au niveau synchronique que diachronique.

La nature, reconnaissent beaucoup de personnes, a doté l'Afrique de nombreuses plantes capables de guérir plusieurs pathologies. C'est ainsi que pendant longtemps, les Africains se sont soignés, avant de rencontrer la médecine dite conventionnelle. Seulement, la manière africaine de soigner avec les plantes, qui est incarnée par ceux qu'on appelle les « tradi-praticiens » (spécialisés dans la connaissance des plantes), c'est généralement de les utiliser dans leur entièreté, dans leur totalité. La science moderne possède, quant à elle, la technologie pour la synthèse et l'extraction du principe actif des plantes en vue de la production à grande échelle des médicaments. Une synergie des actions des « tradi-praticiens » et des chercheurs modernes ne sera qu'utile et un grand atout pour l'Afrique. Avec Mvé-Ondo (*op. cit.* : 214), il faut admettre

---

en-avant-sa-propre-recherche-scientifique_6039237_3212.html, Consulté le 20/07/2020.

la possibilité « d'intégrer dans une seule et même approche conceptuelle de base, et à un niveau hiérarchique adéquat, les cultures traditionnelles et la modernité ». Si elle est acceptée et soutenue, « une telle alliance, dans la perspective du développement », sera bénéfique : elle « permettrait d'ailleurs de redonner du sens à l'intelligence créatrice qui est l'une des clés du succès et de prendre en compte le génie inventif africain » (*idem*).

Certains pays comme le Burkina Faso, le Sénégal ou le Togo ont engagé cette collaboration révolutionnaire qui doit faire tache d'huile dans toute l'Afrique. Mais toutes ces initiatives ne peuvent prospérer sans une volonté politique pour accompagner cette recherche conjointe. La volonté politique doit se traduire dans les faits par l'engagement des États à s'investir et à investir dans la recherche scientifique. Or, comme le rappelle Maryline Baumard[23], « aucun pays n'arrive à consacrer 1 % de son PIB à la recherche ». Les chiffres parlent d'eux-mêmes : « En 2017, selon la Banque mondiale, l'Afrique du Sud et le Kenya, tous deux champions, plafonnaient à 0,8 %, le Burkina à 0,67 %, le Ghana à 0,38 % et Madagascar 0,01 % ». Il est important de changer les donnes, de penser et de mener autrement le développement. « La clé est entre les mains des États », indique Baumard. En effet, c'est à eux de « définir des stratégies d'innovation nationales, voire régionales, augmenter leur niveau d'investissement en recherche et développement » (*idem*). L'engagement et l'appui des États permettront d'organiser la science contre plusieurs endémies.

---

[23] Maryline Baumard, « Sciences : l'Afrique, un laboratoire en devenir », https://www.lemonde.fr/afrique/ article/2020/06/07/sciences-l-afrique-un-laboratoire-en-devenir_6042069_3212.html, Consulté le 20/07/2020

Bref, la recherche scientifique est un important levier, un pilier stratégique du développement durable de l'Afrique. La modernisation du Continent passe inévitablement par la promotion de la recherche dans plusieurs domaines. L'Afrique n'a pas d'autres alternatives : elle a besoin de la science pour son développement. Seulement, la science doit s'enraciner pour mieux s'ouvrir avec originalité, car la science universelle ne peut se passer des données africaines pour avancer.

Par ailleurs, la recherche scientifique doit fournir la matière à l'industrialisation. Des préoccupations majeures doivent être celles des chercheurs. Par exemple : comment mécaniser l'agriculture pour que les paysans fassent aisément leurs buttes d'ignames, nettoient leurs champs, récoltent leur café ou cacao, etc. ? Comment parvenir à conserver, mais aussi transformer, à grande échelle, la banane, le manioc, l'igname, les fruits dont les tonnes de mangues qui pourrissent faute de moyens de conservation ? Comment faire en sorte qu'il y ait des denrées à toutes les saisons pour les populations ? Comment, avec toutes ces terres arables dans nombre de régions d'Afrique, produire du riz en quantité dans un esprit d'autosuffisance alimentaire ?

Au niveau de la technologie, va-t-on continuer de faire venir tout ce qu'on consomme ? Par exemple, l'Afrique, grande « bouffeuse » d'internet et de téléphones mobiles va-t-elle continuer à importer tout ce qui vient d'ailleurs ? N'y a-t-il pas, sur le Continent, les compétences nécessaires pour se pencher sur la question ? Ou bien est-ce la volonté politique pour financer la recherche dans ce domaine qui manque ?

Les chercheurs africains ont besoin de financement conséquent pour entrer en laboratoire afin de se concentrer sur les besoins africains, en particulier au niveau médical, au niveau éducationnel, au niveau agroalimentaire, au niveau technologique, etc.

3.4. L'industrialisation

L'industrialisation constitue un enjeu majeur du développement du Continent. Des gouvernants aux simples citoyens, en passant par les bailleurs de fonds, tout le monde est d'avis que le Continent n'a d'autres choix de développement durable que d'avoir une vision résolument tournée vers l'industrialisation. Il s'agit de diminuer la dépendance de l'Afrique en biens manufacturés vis-à-vis de l'extérieur. En le faisant, elle relève un autre défi, celui de l'emploi. La vraie émergence de l'Afrique passe par-là. Cependant, ce défi de l'industrialisation s'inscrit dans un monde de compétitivité et requiert, par conséquent, que certaines conditions soient remplies. À ce propos, Pierre Jacquemot (2020), dans un blog[24], note :

> Le défi de l'industrialisation de l'Afrique ne pourra être relevé qu'avec des institutions publiques efficaces et une approche coordonnée entre secteur public et secteur privé. Elle gagnera à intégrer une forte composante d'emplois décents et à introduire les préoccupations écologiques en amont des options technologiques.

L'Afrique doit impérativement s'assumer, prendre entre ses mains son propre destin et assurer sa survie, en cessant d'abandonner son droit inaliénable d'être économiquement indépendante entre les mains d'un autre pays ou Continent, même s'il s'agit de pays et de Continents plus développés, plus puissants, ou encore d'anciens colonisateurs. Cette prise en ses propres mains de son propre destin et cette

---

24 Voir : https://blog.secteur-prive-developpement.fr/2020/11/10/les-questions-cles-des-politiques-dans-lindustrialisation-africaine/, Consulté le 11/06/2020

autonomisation ne peuvent advenir que si le Continent s'inscrit résolument sur la voie de la transformation des nombreuses matières premières dont il regorge. Et puis, pourquoi les dirigeants de l'Afrique voudraient-ils que ce soit l'Occident qui vienne industrialiser leur Continent pour eux ? Quand bien même cela se produirait, ce serait dans l'intérêt de qui ?

Sur la chaîne *Le média TV*[25], l'économiste français Thomas Porcher a d'ailleurs montré les dessous obscurs et malsains des relations France-Afrique et FMI-Afrique. Thomas Porcher révèle, en effet, que « la balance commerciale de la France est excédentaire envers l'Afrique, c'est-à-dire que la France exporte beaucoup de biens vers l'Afrique ». Ce qui signifie, en termes clairs et précis, que « si l'Afrique n'a pas les moyens d'acheter ces biens français, il y a moins d'exportations » pour les entreprises françaises ; « et s'il y a moins d'exportations il y a moins de bénéfices ». Autrement dit, l'objectif et l'intérêt pour la France, c'est le « maintien de l'Afrique dans une condition intermédiaire, c'est qu'elle puisse acheter nos biens et qu'on puisse extraire leurs matières premières ». C'est une question d'intérêt, « c'est une nécessité pour que l'économie de la France fonctionne bien », explique l'économiste français.

Thomas Porcher indique, en outre : « La France injecte quelques liquidités pour que l'Afrique aille un peu mieux et pour qu'elles puissent toujours commercer ensemble ». On le comprend bien, il ne s'agit nullement pour la France « de sortir l'Afrique de la pauvreté et de la mettre sur la voie du développement ». Ce n'est pas dans son intérêt. Et Porcher de poursuivre :

---

[25] Disponible sur https://www.youtube.com/watch?v=utxU8z13Yig, Consulté le 21/06/2020

> Car, ni nos entreprises qui sont sur place ni nos entreprises qui sont en France et qui exportent vers l'Afrique n'ont intérêt *in fine* à ce que l'Afrique s'en sorte mieux, parce que si l'Afrique se porte bien il y a une partie des multinationales qui rentrera chez elles et il y a une partie des biens qui sera produite directement en Afrique et nos entreprises françaises ne pourront plus les exporter.

Donc, en résumé, il est question « de maintenir l'Afrique dans une position intermédiaire suffisante pour qu'elle ne tombe pas dans le chaos, mais qu'elle ne se développe pas non plus ». Porcher en veut pour preuve « les concepts d'annulation de la dette, d'emprunt par-ci par-là sans que ce soit un grand virage économique pour l'Afrique ».

Abordant le cas spécifique des relations du Continent africain avec le Fonds Monétaire International (FMI), l'économiste montre que ces relations ne sont pas moins entachées de duplicité, de perversité, d'hypocrisie, de perfidie, de félonie. Il explique que « L'Afrique est un véritable laboratoire des politiques d'ajustements structurels du FMI avec des conséquences très négatives sur la lutte contre la pauvreté ». Il va plus loin dans son éclaircissement :

> Les pays africains ont subi massivement les politiques d'ajustement structurels du FMI. Ça n'a pas marché en Afrique parce que tout simplement ce sont des politiques qui ne fonctionnent pas. Il y a eu des privatisations, le service public a reculé, les capitaux ont été libérés de tout mouvement, le marché du travail a été flexibilisé, tout a été libéralisé mais les pauvres sont devenus plus pauvres.

Porcher continue, gravement :

> L'Afrique, c'est le seul Continent qui a vu sa pauvreté doublée ces 50 dernières années, et c'est le Continent qui a le plus appliqué les politiques structurelles du FMI.

> Chaque fois que le FMI donne de l'argent, il y a toujours un risque derrière parce qu'il y a des réformes qui sont imposées. Cet argent du FMI va passer par les pays africains [...] et va finir dans les comptes des entreprises européennes. C'est un petit tour de passe-passe.

Pour se libérer de l'étau, se mettre vaillamment sur la voie du développement et parvenir à une véritable émergence, l'économiste français explique qu'une première étape, c'est de « sortir l'Afrique aujourd'hui des politiques imposées par les bailleurs de fonds ». Car, dit-il « l'Afrique entre 1960 et 1970 avait un taux de croissance plus élevé qu'à partir des années 1980 ». On le sait, « c'est à partir des années 1980 qu'on a appliqué massivement les politiques d'ajustements structurelles en Afrique ». Si les choses n'ont pas marché, c'est parce qu'on a ignoré l'une des choses essentielles : l'industrialisation. « L'Afrique a besoin d'industries », clame-t-il.

Laurent Bigot, ancien diplomate, Consultant en stratégie sur l'Afrique est tout aussi dans cette optique de dénonciation des embûches qui plombent l'Afrique. Il le fera sans équivoque lors de l'émission « L'invité du jour » sur *France 24*, le 28 septembre 2018, avec comme thème : « Les enjeux futurs sur le Continent africain »[26]. Cette émission s'inscrivait dans le cadre de la 73e session de l'Assemblée générale des Nations unies qui s'est tenue à New York le 18 septembre 2018. À la question du journaliste Philomé Robert de savoir si « ce genre de rendez-vous sert à quelque chose », il répond, catégorique, sans ambages : « Non ! » Pour lui, « C'est beaucoup de communication, parfois même du théâtre, de la mise en scène ; la répétition d'un exercice qui chaque année n'apporte pas grand-chose ». Bigot, en effet, s'interroge sur

---

[26] Disponible sur https://www.youtube.com/watch?v=iInGxmHPiBI, Consulté le 12/03/2021

« la contribution de cette succession de discours au règlement des problèmes de la planète ».

Réagissant aux propos du président Macron lors de sa tournée africaine, « C'est en Afrique que se joue une partie de l'avenir du monde », il dit : « C'est du tarte à la crème [...] On enfonce des portes ouvertes quand on dit ça ». Et l'ancien diplomate de démontrer comment au-delà des « blablas politiciens » (selon l'expression utilisée dans la question du journaliste), les actes des dirigeants européens, en général, et français, en particulier, renvoient à d'autres tristes réalités. Il n'y a pas véritablement de « cohérence » entre ces discours et les actes. « La France n'est pas au rendez-vous des attentes en Afrique », dit-il.

Dans tous les cas, l'avenir de l'Afrique est dans les mains des Africains eux-mêmes, et il appartient à ses dirigeants et à ses jeunes de penser son développement. Le Consultant en stratégie sur l'Afrique rappelle à juste titre les propos « très intéressants » du Président ghanéen au cours de sa conférence conjointe avec le Président Macron lors de sa tournée en Afrique en novembre 2017. Nana Akufo-Addo, le Président du Ghana avait ainsi interpelé, de manière grave, les Africains : « Africains, il n'y a rien à attendre de la France que nous ne puissions nous offrir à nous-mêmes ». Le président ghanéen a continué en remerciant l'Europe pour sa générosité en Afrique. Et, il a enchaîné : « Nous ne pouvons plus continuer à mener, dans nos pays, dans nos régions, une politique basée sur l'aide des Occidentaux, de l'Europe, de l'Union européenne ou de la France ». D'ailleurs, « Cela n'a pas marché, ça ne marche pas et ça ne marchera pas ». Puis, il a ajouté, avec ardeur : « Nous devons avoir l'état d'esprit du gagnant ».

Il appartient à l'Afrique et aux Africains de penser la politique qui les affranchira du joug des grandes puissances. Il s'agit de l'industrialisation, car il n'y a pas de développement véritable sans industrialisation. L'*Agenda 2063* en fait une condition majeure pour l'atteinte des objectifs de développement. Il y a un défi pour l'Afrique. L'industrialisation, inévitablement, joue un rôle moteur dans la croissance économique. L'Afrique a un grand intérêt à s'industrialiser. Mais l'industrialisation requiert un cadre favorable. Elle doit reposer sur un environnement juridique et un climat de paix propice aux affaires.

En outre, des axes stratégiques sont nécessaires pour le développement industriel. Ces axes concernent la capitalisation des ressources naturelles. Les matières premières dont disposent les États sont un élément important pour déclencher une industrialisation du secteur. Par exemple, une industrie ayant le cacao comme matière première, en Côte d'Ivoire, devrait penser la chaîne de transformation utile depuis les cabosses, le jus, avant même d'en arriver aux fèves pour le chocolat, sur la base de la formule « Rien ne se perd, tout se transforme » (inspirée de cette phrase d'Antoine Lavoisier[27] : « Rien ne se perd, rien ne se crée, tout se transforme »). L'avantage, c'est de résoudre deux équations à la fois : la transformation et l'emploi.

Dans un pays comme la Côte d'Ivoire, on doit pouvoir nécessairement penser à la création de solides unités agroalimentaires pour la transformation sur place du cacao et du café sous toutes leurs formes, concevoir une politique qui encourage, invite à la consommation. Il en est de même pour les autres produits agricoles comme la banane, l'igname, le manioc, les fruits dont la mangue. Pour Jacquemot (2018 : 3) :

---

[27] Antoine Laurent de Lavoisier (1743-1794), scientifique français, est considéré comme le père de la chimie moderne.

> L'Afrique possède aujourd'hui de nombreux atouts pour réussir sa transformation manufacturière. Elle dispose *a priori* d'un accès proche à des matières premières, notamment minérales, mais aussi à des produits agricoles, forestiers et piscicoles. Sa population active constitue l'une des réserves de main-d'œuvre les plus dynamiques au monde.

L'avenir semble donc prometteur pour le secteur industriel en Afrique. Mais, « Les obstacles qui entravent, encore et probablement pour un certain temps, le cheminement vers une industrialisation durable et inclusive sont nombreux », note Jacquemot (p. 24). Pour lui, la question cruciale reste posée : « Comment les économies africaines peuvent-elles combler le fossé entre projet et réalité ? » L'auteur donne sa vision de l'essor industriel en Afrique :

> Pour que l'émergence promise advienne enfin, la stratégie à mettre en œuvre devra se déployer dans la durée par des réformes successives, afin que l'ouverture progressive du système social soit soutenue à chaque étape par des modèles institutionnels profondément renouvelés.

Jacquemot se veut plus précis :

> Pratiquement, cette ouverture devra se décliner dans les capacités données aux acteurs pour créer des entreprises, accéder au crédit, disposer de droits sécurisés, par l'élargissement de l'horizon pour l'innovation et la prise de risque, enfin par une démocratie réelle, impliquant la redevabilité des entreprises comme des gouvernements.

En somme, le développement économique et social ainsi que l'émergence du Continent dépendront assurément de sa capacité réelle et effective à ériger la politique d'industrialisation au rang des impératifs.

Chapitre III

Le sursaut à l'aune de systèmes de communication de l'Afrique traditionnelle

Dans la société traditionnelle africaine, un ensemble de moyens, d'outils et de systèmes permettent de produire et de véhiculer le message qui sous-tend l'éducation et la construction de l'individu. Ces moyens et ces systèmes traduisent la volonté de développer un espace de savoir, de savoir-faire, de savoir-dire et de savoir-être propres.

Les proverbes et les contes, par exemple, en tant qu'ils sont des techniques et des pratiques prisées dans la communication traditionnelle, s'inscrivent dans cette veine. Ils sont, en effet, des outils de choix pour l'expression et la diffusion du discours sur la vie sociale, ou plutôt du discours de la vie sociale, discours que produit la société elle-même à ses intentions. Ils constituent un espace privilégié pour la transmission des représentations et des pratiques, pour le véhicule des messages pro-sociaux, pour l'éducation aux valeurs fondamentales et pour le contrôle social. Ils sont les moyens parfaits pour provoquer le sursaut au cœur de la société.

Ce chapitre indique comment l'Afrique de la tradition, par ses proverbes et ses contes, mène l'éducation de ses membres pour en faire des acteurs sociaux, des acteurs de développement dans les domaines qui sont les leurs. L'analyse de ces outils de l'Afrique traditionnelle s'inscrit dans une perspective socio-anthropologique de la communication, pour comprendre comment, à travers ces éléments culturels de médiation de et dans l'espace public, les peuples de la tradition appréhendent le sursaut et l'enseignent dans une finalité de développement communautaire.

1. Les proverbes et l'éducation de la personnalité

La société traditionnelle africaine, pour l'éducation de la personnalité, accorde une place de choix aux proverbes. Sous l'arbre à palabre, en grande assemblée, comme dans le secret d'une éducation familiale, les proverbes, parce qu'ils sont porteurs de valeurs, sont utilisés pour étayer la pensée, pour illustrer des propos et leur donner du poids, pour donner de la force au discours en lui assurant une véracité. Leur rôle didactique est bien connu : ils sont utilisés pour communiquer et enseigner la ligne de conduite souhaitée par la société.

On le sait, l'un des défis majeurs à relever dans toute société, c'est de réussir à aider les membres de cette société à traverser les sentiers de la vie, jonchés inéluctablement d'embûches multiples. Ce qui implique une éducation de la personnalité, une installation de certaines compétences et aptitudes, pour favoriser la vie communautaire et *Le métier d'Homme* (Benoît Kouakou, 2021). Dans cette optique, des proverbes instruisent sur le courage pour amener les acteurs sociaux à supporter ou à affronter les épreuves, et pour aller de l'avant. Les proverbes suivants sont une belle illustration de la pensée et un encouragement à chercher à trouver une solution devant des obstacles et face à des difficultés et des échecs.

1.1. « Tant que ce qui te poursuit n'est pas fatigué, tu ne dis pas : "Je suis fatigué" »

Le proverbe, qui se présente avec une forme binaire (deux mouvements), apparaît comme une exhortation ou une recommandation par rapport à une situation donnée, celle d'une personne poursuivie par quelque chose qui n'est pas identifié : le proverbe parle de « ce qui... poursuit... ». Il y a ainsi d'un côté « celui qui est poursuivi », et de l'autre côté « ce qui poursuit ». Que comprendre ?

En déconstruisant ce proverbe, on saisit mieux le sens et on voit jaillir l'enseignement caché derrière les mots. « Celui qui est poursuivi », c'est bien l'individu, l'homme, l'acteur social ; « ce qui poursuit », ce sont les contingences de vie, les difficultés, tout ce qui handicape l'individu dans sa vie d'Homme, dans l'exercice de son métier d'Homme. En effet, la vie, qui ne fait pas de cadeau au flemmard, à l'indolent, impose à l'individu une marche courageuse, une course de fond. Dans cette course-poursuite, l'attitude, la réaction et les décisions de celui qui est poursuivi doivent être inspirées à l'aune de l'endurance de « ce qui [le] poursuit ». En d'autres termes, ce serait se faire hara-kiri que de s'arrêter au nom d'une quelconque fatigue, pendant que ce qui vous talonne n'a pas abdiqué. Dans cet entendement, l'abdication doit toujours venir de ce qui poursuit – identifié comme l'ennemi – et non le contraire. La fatigue doit être « oubliée » : on ne doit pas en tenir compte tant que le danger est là, derrière. Le proverbe enseigne qu'il faut, à la limite, se jouer de cette fatigue, tant que l'entreprise qu'on a commencée n'est pas parvenue à son achèvement, n'a pas abouti à une issue favorable.

Le proverbe de l'individu poursuivi est donc une invitation à arrêter de geindre sur sa misère, à refuser que le sort soit fixé par elle, donc à s'évertuer à inventer chaque fois une réplique appropriée à la situation qui s'impose à soi. L'implémentation de l'enseignement de ce proverbe, dans notre ici et maintenant d'Africains, oriente à opter pour le courage et la détermination, dans un impérieux et radical sursaut afin de relever le défi du développement.

Il s'agit de prendre conscience des combats qui sont ceux de l'Afrique et des Africains aujourd'hui, de réaliser que des ennemis poursuivent l'Afrique et les Africains ici et là, dans les différents pays. Le proverbe appelle alors au réveil et à l'éveil, c'est-à-dire à maintenir la veille vigilante et stratégique. La course du sportif pour relever le défi du développement de l'Afrique doit être soutenue, maintenue malgré tout. Dans la même veine, un autre proverbe dit : « Tant que le combat n'est pas terminé, on n'a pas fini de s'abaisser ». Il y a ici l'urgence d'un recours à la force de l'intelligence et de l'esprit ; cette force qui élabore des projets d'émergence personnelle et communautaire pour l'emporter sur les assauts de la pauvreté et de la misère ; cette force qui met en place des stratégies bien pensées pour trouver le remède et conduire à la victoire du développement durable sur le mal-développement et le sous-développement ; cette force intelligente et intelligible qui conçoit des stratégies d'esquive pour échapper aux prédateurs, aux fauves, destructeurs des pauvres et des petits.

Évoquer l'adversaire et ses actions – monstrueuses et effrayantes, il faut le reconnaître – pour baisser les bras, c'est la preuve d'une inscription à la classe des froussards, des lâches et des résignés.

1.2. « Si le mouton devait avoir peur des *'souh ! souh !'*, il ne mangerait pas »

Pour éloigner ses membres du groupe des couards et des résignés convaincus d'avance de leur échec, la société traditionnelle africaine met l'accent, insiste sur l'éducation à la témérité. Ainsi, un autre proverbe enseigne à ce sujet : « Si le mouton devait avoir peur des '*souh ! souh !*', il ne mangerait pas ». En effet, chaque fois que le mouton veut passer par ici ou par là pour se procurer une peau de manioc, d'igname ou de banane, on lui crie dessus en le chassant par cette onomatopée : « *souh ! souh !* ». Ce qui signifie « ouste ! Va-t'en ! ». Le mouton va-t-il pour autant arrêter de revenir à la charge et mourir de faim ? Non ! L'animal, entêté, tient à la vie. Il va donc revenir à la charge jusqu'à trouver le moment favorable (par exemple en profitant de l'inattention de celui qui le chasse) pour se procurer la pitance convoitée.

L'intention clairement affichée dans ce proverbe, c'est d'enseigner un sursaut dont la mise en action requiert de l'endurance et du dépassement de soi ; un sursaut qui n'admet pas la résignation. Le proverbe donne alors les éléments d'une éducation de la personnalité pour un engagement résolu qui s'abreuve constamment de courage, de persévérance, et même d'entêtement, voire de prise de risque s'il le faut. La finalité ici, c'est de former des acteurs déterminés et audacieux, intrépides.

En effet, dans la jungle des relations internationales, de la géopolitique et de la géostratégie, les bâtisseurs de l'Afrique d'aujourd'hui, mais surtout les jeunes qui prendront la relève demain, doivent comprendre qu'il n'y a pas d'amis. Il s'agit bien d'une jungle ! Ceux qui pensent avoir le droit d'accaparer toutes les richesses du monde sont aux aguets. Les dents longues et l'appétit glouton, ils ont les poings et les bâtons levés pour empêcher quiconque de toucher à la manne qu'ils veulent conserver pour eux, pour leurs populations et pour leurs entreprises. Ils sont les lions, les seigneurs de cette jungle ; ils sont forts, ils le savent bien ; ils veulent perpétuer leur hégémonie, coûte que coûte, vaille que vaille ; ils ont des armes très puissantes dont ils n'hésiteront pas à se servir pour décourager à jamais les faibles et petits animaux qui oseront lutter cette manne avec eux. Peu importe que la manne soit pourtant la propriété de ces faibles et petits ! Ici, c'est la loi du plus fort.

Que doit donc faire l'Afrique, appauvrie et pauvre, affaiblie et faible ? Doit-elle se décourager, s'arrêter et pleurnicher sur son sort qu'elle trouvera alors triste et détestable ? D'ailleurs, pour mieux l'enfoncer dans le pessimisme, le catastrophisme, le défaitisme et l'engourdissement, on l'a conditionnée, mis dans son inconscient qu'elle est mal partie, elle qui foisonne de tant de ressources ! Comme le mouton du proverbe, son salut se trouve dans un intelligible entêtement. Elle est faible, d'accord. Mais dans la jungle, des animaux petits et faibles parviennent à vivre longtemps malgré la présence des lions et autres tigres et panthères. L'essor, le développement salutaire de l'Afrique se trouve dans le déploiement de stratégies de survie enracinées dans les valeurs et les ressources propres, tout en s'ouvrant aux problématiques universelles, au nom de la globalisation.

Le proverbe invite ainsi à réaliser que personne ne fait la passe à son ami (d'ailleurs, les amis et les enfants de chœur n'existent pas dans ce domaine ; ce n'est qu'une simple illusion, une mystification pour endormir) dans l'engrangement, l'accumulation des ressources qui garantissent la survie des hommes et des peuples. Même un partenariat gagnant-gagnant proposé par un pays solitaire et faible, pour ses propres richesses, sera interprété comme un crime de lèse-majesté, une audace criminelle. Mais, c'est de bonne guerre ! Il ne faut pas s'effrayer et se résigner, car « Si le mouton devait avoir peur des '*souh ! souh !*', il ne mangerait pas ».

Une chose est claire, chacun est maître de son propre destin. Dans la vie des nations, rien ne s'obtient sur un plateau d'or. Il s'agit, en vrais résilients, d'avoir la peau dure devant les situations qui s'imposent, sans faiblir ni se résigner face à l'adversité. La résilience est justement la capacité du sujet à supporter les chocs de la vie, donc sa capacité à resurgir, à rebondir et à s'en sortir, pour repartir de plus belle. Point n'est besoin de se lamenter ni de capituler devant la difficulté et de laisser son sort être lié inéluctablement par elle. L'heure est à l'émergence de sujets et d'acteurs sociaux capables de rebondir pour aller de l'avant, c'est-à-dire de sujets et d'acteurs sociaux capables de passer par-dessus ou de chevaucher le handicap des difficultés, des échecs et des chutes et même des rechutes.

1.3. « Quand deux biches se mettent ensemble, elles arrivent à bout de l'antilope »

La société africaine de la tradition enseigne l'unité comme source de salut pour tous. Le présent proverbe est dans cette optique. Cette unité se réalise dans une solidarité, entendue comme un lien, un lien fraternel fort et une valeur sociale importante, et qui engage les acteurs sociaux dans une communauté de destin et de vie. La biche est petite et ne peut se mesurer à l'antilope, plus grande et plus forte. Mais les données changent et les positions sont revues si les biches s'entendent et se mettent ensemble pour se défendre, pour agir dans un instinct de survie.

La métaphore des biches unies, convoquée par le proverbe, est une belle leçon pour l'Afrique (qui connaît bien la vie et le secret des animaux), appelée à revenir à l'idéal du panafricanisme en vue d'un développement incarné (c'est-à-dire un développement qui s'appuie sur les réalités locales) et durable. L'unité de l'Afrique fera naître un véritable sentiment de responsabilité et de dépendance réciproque au sein des communautés et des individus, chaque État et chaque individu se sentant obligés par rapport aux autres. C'est alors que le problème de chacun deviendra, à coup sûr, le problème de l'ensemble du groupe, donc de l'Afrique unie. C'est que, dans les faits, l'unité conduit chacun à se comporter comme s'il était directement confronté au problème que vivent les autres, et à réaliser que c'est l'avenir du groupe, y compris le sien, qui pourrait être compromis.

L'unité, manifestée dans la solidarité, a longtemps été le gage de stabilité des communautés de l'Afrique traditionnelle : la recherche du bien commun et du bonheur pour tous permettant de limiter les inégalités sociales. Les ressources de la communauté étant partagées de façon équitable, les frustrations, les colères et les révoltes sont évitées, sinon atténuées. Il est question maintenant d'inscrire cette unité et cette solidarité au menu du développement de l'Afrique moderne, en gardant à l'esprit que toute société, quel que soit l'axe synchronique et diachronique, tient sa force, sa résistance et sa consistance de la solidarité et de l'unité de ses membres. Ces valeurs doivent être donc intégrées comme la condition de la survie de l'ensemble.

Les proverbes sont ainsi des outils de choix de pédagogie et de communication de l'Afrique de la tradition. Ils véhiculent les messages qui sous-tendent la formation du sujet hardi. L'activité éducative et communicationnelle de l'Afrique traditionnelle se présente ainsi comme l'ouvrage d'éveilleurs avisés qui ont su mettre en place des méthodes et techniques authentiques, alliant efficacement éducation, art oratoire, divertissement. Les contes, également, ont cette fonction d'éducation de la personnalité.

2. Le conte de la tortue qui refuse la résignation

Comme les proverbes, les contes sont convoqués à volonté dans la communication et l'éducation en Afrique traditionnelle. Souvent le soir, autour d'un feu ou au clair de lune, les conteurs s'attachent à communiquer, à transmettre, sous le couvert du divertissement, les valeurs et les normes sociétales.

Le conte qui suit, puisé dans le répertoire Agni, met l'accent sur le déploiement et la mise en œuvre d'une intelligence des situations à travers des stratégies dont l'objectif est d'aider à sortir vainqueur des impasses et des difficultés.

2.1. Le conte

Monsieur Tortue[28] et Monsieur Singe sont de grands amis. Ils sont inséparables. Chaque jour, Monsieur Singe quitte son domicile, situé dans les arbres, et descend pour la causette avec Monsieur Tortue. Un jour, pendant la conversation, il demande à son ami : « Dis-moi, mon ami Tortue, le jour que ma mère meurt, comment feras-tu pour me trouver là-haut en vue de prendre part aux

[28] Dans les contes, le nom des animaux est un nom générique, un nom de famille qui devient un nom propre de personne, un nom propre masculin. Ici, Tortue est un personnage mâle, tout comme Araignée, Biche, Antilope, Éléphant etc. dans d'autres contes. Ils peuvent avoir leurs épouses, et on aura, par exemple, Mme Tortue, Mme Araignée, Mme Biche, Mme Antilope, Mme Éléphant, etc.

funérailles ? » Tortue lui répond : « Le jour que notre maman meurt, si je suis informé, je saurai comment venir ».

C'est à croire que Monsieur Singe sentait venir la mort de sa mère. Effectivement, peu de temps après, maman Singe meurt. Le clan se réunit autour de Monsieur Singe pour l'organisation des funérailles. Les anciens lui demandent : « À qui veux-tu que nous envoyions des messages pour annoncer le décès ? » Monsieur Singe leur dit : « Mon seul ami dans le monde, c'est Tortue. Qu'on aille donc lui annoncer la mauvaise nouvelle qui me frappe ».

Une discussion s'installe entre les anciens. Certains disent que cela ne vaut pas la peine d'envoyer quelqu'un informer Monsieur Tortue, d'autant que, dans tous les cas, il ne pourrait pas arriver au domicile de son ami pour prendre part aux obsèques. D'autres répliquent qu'il vaut mieux qu'il soit informé, car s'il apprend la nouvelle après l'enterrement, il pourrait se fâcher contre son ami. On se range sur la position de ceux-ci. On envoie ainsi Monsieur Oiseau pour annoncer la mauvaise nouvelle à l'ami Tortue.

Monsieur Oiseau arrive au domicile de Monsieur Tortue. Après le rituel des nouvelles, Monsieur Tortue dit à Monsieur Oiseau : « À un certain moment, je vais m'éclipser afin d'aller me préparer pour le voyage. Si je tarde à revenir, ne m'attends pas, devance-moi plutôt avec mon bagage ». Tortue apprête donc son bagage et le dépose là où ils sont assis. L'envie prend Monsieur Oiseau d'aller uriner. Dès qu'il tourne le dos, Monsieur Tortue entre dans le bagage qu'il a apprêté. Monsieur Oiseau revient et ne trouve pas Monsieur Tortue. Il se dit : « Monsieur Tortue m'avait prévenu. Je dois le devancer avec son bagage et non l'attendre. Il me faut d'ailleurs vite repartir car on a certainement besoin de moi pour d'autres courses. » Sur ce, il prend le bagage de Monsieur Tortue et s'envole. Il arrive au sommet des arbres, au lieu où se déroulent les funérailles, remet le bagage à Singe informe que son ami a promis de le suivre.

On dépose le bagage de Monsieur Tortue dans la chambre qu'on a préparée pour le loger. Dans le bagage où il est caché, Monsieur Tortue prête bien l'oreille. Il écoute. Il suit les moindres mouvements de dehors. Il y a un calme. Personne ne passe par-là. Alors, Monsieur Tortue sort discrètement du bagage. Doucement, il avance. Il arrive dans l'assemblée sans se faire remarquer. Il salue : « *N'djahin n'djahin o ! Nanan ahin o ! M'mahin m'mahin o !* ». Traduction : « Bonjour, bonjour les papas ; bonjour le chef ; bonjour, bonjour les mamans ! » Tout le monde est médusé. Comment a-t-il fait pour arriver au sommet de ces grands arbres ? On n'ose pas le lui demander.

Monsieur Tortue participe pleinement et activement aux funérailles. Il fait tout ce qu'il a à faire pour honorer la mémoire de la défunte et rendre l'amitié à son ami Singe.

Après les funérailles, Monsieur Tortue dit à son ami : « Tu le sais bien, cher ami, comme il est d'usage, quand on vient à des funérailles, on ne prévient pas pour retourner chez soi. Ainsi, si tu ne me vois pas, c'est que je suis reparti chez moi. Tu demanderas alors à l'ami Oiseau qui est allé m'annoncer la nouvelle de me ramener mon bagage ». Tortue se retire dans sa chambre. Singe Monsieur en fait autant.

Quand Monsieur Singe ressort, Monsieur Tortue n'est plus là. Comme convenu, il fait envoyer ses affaires par Monsieur Oiseau. Les épouses de Monsieur Tortue accueillent Monsieur Oiseau et lui demandent les nouvelles de leur époux. Il leur répond : « Votre mari m'a demandé de lui faire parvenir ses affaires, il a pris la route avant moi. Il arrive. J'ai dû le dépasser. » Et il repart.

Dès le départ de Monsieur Oiseau, Monsieur Tortue surgit de son bagage. Il dit à ses épouses : « Je vous l'ai toujours dit : *Ehian man adjron* (La misère donne de l'intelligence). Devant l'épreuve, on réfléchit, on a recours à l'intelligence, et on trouve toujours la solution. Vous voyez, moi Tortue, je suis démuni et handicapé avec mon état et ma situation ; j'ai néanmoins réussi à trouver comment faire pour me rendre au sommet des arbres afin de ne pas me déshonorer aux yeux de mon seul ami et de sa famille ».

2.2. Que comprendre ?

Le conte nous met devant une amitié qu'on pourrait dire contre-nature. Il est intéressant de voir de près les personnages principaux.

2.2.1. Les personnages principaux du conte

Trois personnages sont principalement en action dans le conte, à savoir : Monsieur Tortue, Monsieur Singe et Monsieur Oiseau.

Comme on le sait, une tortue vit sur la terre ferme, donc en bas des arbres ; elle est très lente et, surtout, ne peut pas grimper sur un arbre. Mais elle est sage. Pierre N'Da (1984 : 52) indique qu'elle « est le prototype de la pondération […] Sa sagesse proverbiale et sa malice légendaire lui permettent de tirer son épingle du jeu dans les situations désespérées ». L'auteur explique que « dans certaines régions d'Afrique, la tortue est le personnage des contes qui dispute la palme de la ruse au lièvre ». Comme l'araignée, la tortue est le décepteur, c'est-à-dire le personnage caractérisé par sa très grande intelligence. Cette grande intelligence lui permet, comme chez l'araignée et le lièvre, de recourir à des ruses devant les situations d’impasse. C’est donc ici une allégorique représentation sociale qui fait l’apologie du plus malin, du plus intelligent, du plus résilient, de celui qui réussit à s’en sortir là où d'autres échouent.

Le singe, lui, vit en haut, dans les arbres ; il est rapide, grimpe et saute de branche en branche. En outre, il est bavard, assez puissant et surtout brutal, quelquefois moqueur. Mais il n’est pas idiot. C’est pourquoi en face de lui, il s’avère nécessaire de déployer plus d’intelligence, de la ruse au besoin, mais aussi de la diplomatie. Dans ce conte, Monsieur Singe a, paradoxalement, pour meilleur ami Monsieur Tortue, réputé pour sa lenteur.

Un autre personnage important est présenté : c’est Monsieur Oiseau. Très rapide grâce à ses ailes, il a la possibilité de s’envoler pour rallier en laps de temps les sommets des arbres et la terre ferme. Dans la littérature spirituelle, il apparaît d’ailleurs comme le symbole de l’intermédiaire entre la terre et le ciel, le symbole de l’immanence, de la transcendance. Il est aussi le signe de la liberté. Bref, l’oiseau est l’intermédiaire, le médiateur, voire le diplomate. Il relie la terre où il se pose quelquefois et l’air (ici les cimes des arbres) où il évolue le plus souvent. C’est un allié de choix. C’est lui qui est justement chargé de faire parvenir la nouvelle de la mort de maman Singe à Monsieur Tortue.

2.2.2. La situation-problème ou situation-défi

La nouvelle de la mort de maman Singe se présente comme une situation-problème qui arrive avec sa série de défis impérieux pour Monsieur Tortue : atteindre le sommet de l’arbre, domicile de la famille Singe, soutenir son ami en deuil et donner par-là du sens à leur amitié. Il s’agit d’une situation véritablement inédite, voire trouble, périlleuse. Le défi d'atteindre le sommet des arbres, condition pour relever les autres défis, semble d'autant plus surréaliste que le clan des Singes se divise en deux groupes, lors du conseil des anciens, sur l'opportunité de déplacer un émissaire pour informer Monsieur Tortue. Ainsi, pour le premier groupe, qu'on pourrait appeler les réalistes, il n'y a pas de raison, encore moins d'urgence, à descendre jusque sur la terre ferme pour donner les nouvelles à un ami, qui visiblement, ne pourra pas arriver là-haut, aux funérailles. Les diplomates, qui constituent le deuxième groupe, estiment, quant à eux, qu'il est nécessaire, sinon bienséant, d'aller porter la nouvelle, car le plus important, c'est que Monsieur Tortue soit informé du malheur qui a frappé son ami.

Les arguments du deuxième groupe l'ayant emporté, Monsieur Tortue est informé du malheur qui frappe la famille Singe. Un émissaire lui est envoyé comme cela se doit en pareilles circonstances. Cet émissaire désigné pour porter la nouvelle est Monsieur Oiseau. En effet, Monsieur Oiseau, tout comme Monsieur Singe (et même plus que ce dernier), est très prompt pour relier les cimes des arbres et la terre ferme. Il sert donc utilement ici en tant que canal stratégique et idéal pour la transmission du message de l'émetteur (le clan Singe) au destinataire (Tortue). Désormais informé, Monsieur Tortue doit se rendre auprès de son meilleur ami pour le soutenir, le réconforter, faire ce que demande la coutume, comme il avait promis quelques jours plus tôt à son ami. Alors, il met en œuvre sa stratégie pour le rendez-vous aux cimes des arbres.

2.2.3. Le déploiement de la stratégie de Tortue : l'intelligence rusée

Monsieur Tortue sait qu'il ne peut monter jusqu'au sommet des arbres, c'est son handicap ; il ne le sait que trop bien. Mais il ne s'agit pas pour lui de baisser les bras, de se résigner. Non, il ne peut pas ne pas aller. Il a promis à son ami d'être aux funérailles de sa mère lorsque celle-ci viendrait à mourir, et il y sera vaille que vaille. Mais pour cela, il lui faut une stratégie.

On se rappelle qu'il avait dit : « Le jour que notre maman mourra, si je suis informé, je saurai, je trouverai comment faire ». En effet, dans cette réponse se trouve déjà la clé de la stratégie de Tortue. « Si je suis informé » : il sait bien que pour l'informer, l'émissaire qu'on enverra sera nécessairement un messager capable d'atteindre aussi facilement les hauteurs des arbres que de descendre jusque sur la terre ferme. En d'autres termes, et c'est l'idée que suggère déjà Tortue à son ami, il dit ceci : « Envoyez-moi simplement un émissaire, pour le reste, je saurai, je trouverai que faire ». Et on lui envoie effectivement un émissaire, en la personne de Monsieur Oiseau. Il ne pouvait pas demander mieux. Mais que faire ?

C'est à ce moment qu'il déroule la ruse de son intelligence. Monsieur Oiseau devra jouer un rôle majeur. Il est le relais sûr, l'ami idéal à voir. Et, il en fait déjà son ami, du moins il le laisse entendre : « Tu demanderas alors à l'ami Oiseau qui est allé m'annoncer la nouvelle de me ramener mon bagage », dit-il à Singe. C'est donc cet ami commun qui portera son bagage et le portera par la même occasion jusqu'au sommet de l'arbre et le ramènera, après les funérailles, dans les mêmes conditions qu'il est parti. Et tout se passa ainsi. Tortue arriva aux obsèques de la mère de son ami, y participa activement et retourna, après s'être chaque fois discrètement introduit dans ses propres bagages que Oiseau transporta (sans savoir qu'il portait par la même occasion l'ami de Singe).

2.2.4. L'aujourd'hui du conte

Le conte se fonde sur un proverbe Agni qui dit ceci : « *Ehian man adjron* ». Traduction mot à mot : « La misère donne de l'intelligence ». Autrement dit, la pauvreté, qui se décline en tant que misère, manque, handicap, rend intelligent.

Dans le langage Agni ainsi que dans plusieurs autres langues Akan, on représente la pauvreté par deux figures. D'abord, la pauvreté comme *yalè*. Formé de deux mots, à savoir : *Ya* (c'est-à-dire douleur, souffrance, ce qui fait mal) et *èlè* (c'est-à-dire handicap). *Yalè* signifie donc la douleur du handicap. Ensuite, la pauvreté comme *éhian*, qui renvoie à l'idée de besoin, de manque, de misère.

Ces deux figures de la pauvreté, *Yalè* et *éhian*, entraînent les deux figures du pauvre : le *Yalèfouo* et l'*Ehianfouo*.

Le *Yalèfouo*, c'est celui qui est « atteint » et même étreint par la douleur que lui cause son handicap ; c'est celui qui a mal. C'est donc le mal-heureux, celui qui ploie sous le poids des difficultés, qui broie du noir ; autant dire celui qui souffre parce que handicapé par le manque : argent, bien, honneur, etc.

L'*Ehianfouo* est le pauvre nécessiteux, celui qui est dans le besoin ; c'est celui qui vit dans des situations radicales de dénuement ; c'est l'indigent, le misérable. En d'autres termes, c'est celui que la misère a défiguré et privé de son potentiel de participation dans le processus de transformation sociale, celui dont la misère a atteint l'être profond, a nié quasiment le titre et la nature d'homme. Relégué, fragilisé, vulnérable du fait de son isolement et de son esseulement (il vit désormais dans la marginalité) mais aussi de son musellement (il est réduit à être sans voix), il est comme déchu humainement et socialement, installé dans une dépendance sans issue, dans une pauvreté chronique et déshumanisante.

La déconstruction-reconstruction du conte ouvre ainsi, d'une certaine manière, les yeux sur la pauvreté et l'univers du pauvre, avec tout ce que cela comprend comme douleur, souffrance, incapacité. Mais aussi, elle laisse découvrir (avec l'exemple de Monsieur Tortue) que, même dans cette situation de handicap et d'impasse, tout reste toujours possible, à condition d'avoir de l'intelligence et de savoir faire face aux situations qui s'imposent. En d'autres termes, il s'agit d'avoir l'intelligence des situations.

L'intelligence des situations, comme l'explique David Autissier (2009 : 18) est la « capacité de lecture du réel et de projection de celui-ci dans une dynamique positive et de résolution ». Autissier explique encore :

> L'intelligence de situation se matérialise par une capacité de compréhension du moment présent afin de transformer l'action qui s'y déroule en un acquis, ressources et/ou résultats. C'est la conjugaison de la compréhension et de la volonté d'aboutir.

Il ajoute :

> L'intelligence de situation est la capacité d'une personne à obtenir ce qu'elle souhaite et/ou à profiter des opportunités en ayant une bonne appréciation des personnes, de leurs attentes, des éléments bloquants et facilitants, des logiques d'action visibles et invisibles ainsi que des enjeux et des risques.

Ainsi, l'intelligence des situations renvoie à la bonne appréciation des réalités telles qu'elles se présentent. Le présupposé est qu'aucune situation-problème ne peut se résoudre sans une appréciation judicieuse et raisonnable des évènements de la vie. Dans le conte, Monsieur Tortue en fait un magnifique et ingénieux usage. S'il ne peut grimper de lui-même ni voler pour atteindre le sommet des arbres, il sait profiter de la présence de Monsieur Oiseau.

Il y a là une apologie de la ruse en tant qu'elle se déploie comme une intelligence à l'œuvre, à l'image de la *mètis* grecque. C'est ce que décrit Paul N'Da (2017 : 90). Il explique : « La ruse, proche de la "*mètis*" grecque [...], est faite à la fois d'intelligence, de sagesse, de débrouillardise, d'habileté, de malice, de duplicité, de sensibilité intuitive ». Selon l'auteur, « Elle sait utiliser tous les moyens, ceux des pièges, des subterfuges et des mots pour arriver à ses fins, gagner ». C'est bien ce que fait Tortue. Il s'agit d'une grande « intelligence à l'œuvre, qui sait répondre immédiatement aux situations créées et qui cherche à trouver, à inventer une solution ou une réplique » (*idem*). C'est « la ruse de l'intelligence » (Marcel Détienne et Jean-Pierre Vernant, 1974), qui est la mise en action de la finesse de l'esprit pour avoir régulièrement le dessus, même en situation d'impasse. Dans cette logique, celui qui remporte les victoires et les lauriers est celui qui sait inventer la ruse la plus intelligente, la ruse capable de parvenir à bout de la réticence, de la résistance ou même de la répugnance de sa cible.

L'Afrique de la modernité pourrait ainsi se référer à l'enseignement du conte de la tortue qui parvient au sommet des arbres malgré et avec son handicap. Elle pourrait particulièrement s'inspirer de l'usage de l'intelligence des situations dans la gestion de ses interactions – surtout avec ceux que l'on appelle les « grandes puissances » – et dans la manière d'aborder les questions essentielles de développement dans un environnement macroéconomique et géopolitique qui lui sont très souvent défavorables.

2.3. L'Afrique et le défi du rendez-vous de l'émergence et du développement

On est en émerveillement devant ces riches éléments de la culture qui ont fait leurs preuves dans la gestion de la cité et le bien-être des peuples africains. En effet, « Les sociétés africaines de la tradition enseignent comment les sans-voies et les sans-voix trouvent toujours la possibilité de contourner le sort, de le détourner et de le conjurer » (Benoît Kouakou Oi Kouakou, 2016 : 173). La substance de l'enseignement tiré des systèmes de communication de l'Afrique de la tradition, c'est que ceux-là qu'on qualifierait avec Frantz Fanon (1961) comme étant *Les damnés de la terre* « ne se laissent jamais terrasser, écraser ». Ils savent stratégiquement jouer « de la morgue des puissants avec leur insignifiance apparente. À la force brutale, ils opposent la finesse de la ruse » (*idem)*.

Le défi de Monsieur Tortue d'atteindre les cimes des arbres et la stratégie déployée pour le relever constitue une leçon pour l'Afrique et l'Africain dans le rendez-vous de l'émergence et du développement durable. Il y a une capacité de sursaut et de résilience véhiculée par le conte, avec son aspect ludique, qui peut servir de modèle au sursaut pour le développement de l'Afrique. S'il est vrai que dans le contexte international actuel, le Continent n'a pas les ailes nécessaires pour voler haut comme les autres (parce qu'on les lui a coupées, justement pour qu'il ne puisse pas voler), il ne manque pas néanmoins d'intelligence et d'arguments à faire valoir. L'Afrique doit ainsi pouvoir user de la *mètis*, cette « intelligence à l'œuvre, qui sait répondre immédiatement aux situations créées et qui cherche à trouver, à inventer une solution ou une réplique » (Paul N'Da, *op. cit.* : 91). En effet, Paul N'Da, parlant des dominés des contes, explique comment ceux-ci déploient leur stratégie de survie dans la ruse et la dérision. Il écrit :

> La dérision et la ruse se placent à plusieurs niveaux et usent de trois modalités principales. Elles s'infiltrent dans l'ordre par soumission feinte pour mieux l'attaquer ; elles savent répliquer à l'attaque ; elles manient allègrement le jeu d'esprit [...] Elles s'infiltrent dans toutes les actions et les propos pour justifier, défendre, répliquer, s'affirmer et désarçonner si possible l'adversaire en fustigeant la vacuité de son arrogance.

Comme Monsieur Tortue dans le conte, l'Afrique a un grand intérêt à avoir recours à l'analyse stratégique des situations, autrement dit à avoir une intelligence des situations qui se présentent à elle. Elle doit savoir user de stratégies pour sortir de l'étau de l'étranglement de la dette, mais aussi de la mendicité, de l'assistance. Elle n'a point besoin de mendier, de tendre la main ; ses enfants doivent puiser dans leur intelligence créatrice pour la tirer de là. Le Continent doit, en faisant preuve d'ingéniosité, parvenir à imposer à ses partenaires le respect. Il doit puiser dans ses nombreuses potentialités dont on a parlé dans les chapitres précédents. Il doit savoir poser les questions stratégiques qui orienteront son envolée : quel est le partenaire qui peut me servir d'ami et qui, même s'il vient à moi à cause de son propre intérêt, peut honnêtement accepter de voler haut et loin avec mes intérêts à moi ? Quelles stratégies, quelle intelligence rusée mettre en œuvre pour arriver au lieu du rendez-vous ? Comment imposer et obtenir le respect ?

Conclusion

L'Afrique que nous voulons

L'Afrique est dans la situation incongrue, indue et insupportable du riche qui, paradoxalement, vit dans une misère criante. Elle a tout et pourtant elle n'a rien, ne représente quasiment rien, c'est-à-dire n'a pas un poids considérable et une voix audible dans le concert des nations. Devant une situation aussi absurde, aberrante, déraisonnable, irrationnelle imposée, elle n'a plus d'autres alternatives que le sursaut salutaire, le réveil et la colère du révolté qui crie : « C'en est trop ! », « J'ai aussi le droit à la vie, le droit de vivre avec dignité, le droit de vivre dans des conditions idoines. La nature m'a, heureusement, donné les atouts et les ressources pour y parvenir ; je dois et je vais en profiter, et ce, envers et contre tout et tous ».

C'est le temps pour l'Afrique et les Africains de se relever de leur ankylose, et gaillards, d'avancer avec à la bouche ce proverbe Agni : « *Wa blihih, koussoh ô bouli man* ». Traduction : « C'est courbé, mais ce n'est pas encore cassé ». Le temps est assurément venu pour l'Afrique de se lever pour se mettre en route en disant : « Certes, je suis "étranglée", "mal partie", "sous-développée", "mal-développée", etc., mais, je suis encore vivant. Et je vais m'attacher, m'atteler à opter pour le sursaut et à être la Vivante, moi l'Afrique, le berceau de l'humanité. Certes c'est courbé, mais ce n'est pas encore cassé. »

Quel avenir nous Africains voulons-nous réellement pour l'Afrique de demain ? « La question ne se pose pas », répondrait Jean-Marie Adiaffi avec *D'éclairs et de foudre* (1980) à la page 10. La réponse semble si évidente ! Ce que nous voulons, c'est une Afrique debout, qui s'engage fièrement et dignement sur le boulevard du progrès et du développement.

L'Agenda 2063 (2015 : 2) a défini en 7 aspirations « L'avenir que nous voulons pour l'Afrique », à savoir :

1. Une Afrique prospère fondée sur la croissance inclusive et le développement durable.
2. Un Continent intégré, uni sur le plan politique et ancré dans les idéaux du Panafricanisme et la vision de la Renaissance africaine.
3. Une Afrique où bonne gouvernance, démocratie, respect des droits de l'homme, justice et état de droit sont à l'ordre du jour.
4. Une Afrique vivant dans la paix et dans la sécurité.
5. Une Afrique dotée d'une forte identité, d'un patrimoine commun, et de valeurs et d'éthique partagées.
6. Une Afrique dont le développement est axé sur les populations, qui s'appuie sur le potentiel de ses populations, notamment celles des femmes et des jeunes, qui se soucie du bien-être des enfants.
7. Une Afrique qui agit en tant qu'acteur et partenaire forts, unie et influente sur la scène mondiale.

Ces aspirations sont si clairement définies qu'il n'y a pas de commentaires à faire, sauf à souhaiter que l'audace anime chaque pays et chaque acteur pour œuvrer à leur réalisation.

L'audace pour « une Afrique prospère basée sur la croissance participative et le développement durable » entraîne une implication active dans l'éradication de la misère, qui est la négation de l'homme.

L'audace pour « un Continent intégré, politiquement uni et fondé sur les idéaux du panafricanisme et de la vision de la renaissance africaine », on l'a dit dans des pages plus loin, est le primat. Une Afrique unie sera plus forte, avec des frontières homogènes et des liens dynamiques qui bénéficieront à tous. Cette unité sonnera le glas des vestiges du colonialisme et des formes d'oppression d'un peuple segmenté et désuni.

L'audace indispensable pour « une Afrique où bonne gouvernance, démocratie, respect des droits de l'homme, justice et état de droit sont à l'ordre du jour » suppose un engagement poussé à faire advenir sur le Continent les principes universels des droits de l'homme, de l'égalité pour tous, la justice et le respect des lois qu'on s'est librement données ; donc la fin d'une Afrique où les lois, y compris la Loi fondamentale, sont taillées sur mesure et au gré des puissants des lieux et leurs soutiens-commanditaires extérieurs. C'est donc une Afrique avec des institutions fortes, capables de garantir son leadership qui impose le respect, la considération.

L'audace absolue pour « une Afrique paisible et en sécurité », c'est le combat de tous pour aboutir à faire taire toutes les armes, en mettant en place des systèmes de sécurisation efficaces, mais aussi en évitant les frustrations internes qui amènent certains à penser que les armes peuvent être la solution.

L'audace pour « Une Afrique dotée d'une forte identité, d'un patrimoine commun, et de valeurs et d'éthique partagées » renvoie à l'acceptation de l'idée d'un panafricanisme ancré pour faire des diversités culturelles une force et un patrimoine désormais commun à préserver.

L'audace nécessaire pour « Une Afrique dont le développement est axé sur les populations […] notamment celles des femmes et des jeunes… » amène à tirer le potentiel de tous les acteurs sociaux afin de garantir l'avenir des plus petits.

L'audace pour « une Afrique qui agit en tant qu'acteur et partenaire forts, unie et influente sur la scène mondiale », met en branle les énergies pour l'émergence d'un Continent qui a son mot à dire et qui sait qu'elle sera entendue et écoutée parce qu'elle constitue une force avec laquelle il faut compter.

Mais aussi, l'audace pour développer l'Afrique, c'est que se lèvent des philanthropes sur le Continent ; lesquels, sans arrière-pensée ni calculs, s'engagent dans le financement de l'éducation, de la santé, de la recherche scientifique, de l'industrialisation.

L'audace pour développer l'Afrique, c'est d'en avoir. Il est question d'oser, d'oser oser, d'oser rêver, de rêver une Afrique développée. Mais surtout, il est question de se mettre en branle, en mouvement, en action pour donner la chance à la réalisation de ses propres rêves, en identifiant les domaines et lieux stratégiques et favorables à l'éclosion de ces rêves. Une chose est certaine, quand l'audacieux se réveille et se lève, décidé, résolu et ferme pour concrétiser son rêve, plus rien ne peut l'arrêter. C'est donc cette Afrique révoltée, debout et audacieuse, déterminée et en route pour réaliser, accomplir son développement que nous voulons. Elle adviendra, pour sûr, car il n'y a pas d'autres issues : il s'agit de vivre, pour ne pas « sous-vivre ».

L'Afrique des Vivants émergera nécessairement. La hargne de sa jeunesse, courroucée de voir le Continent être continuellement à la traîne malgré ses nombreuses potentialités et richesses, est un signe des temps.

Bibliographie

1. Sur le développement

- BOURDIEU Pierre et PASSERON Jean-Claude, 1964, *Les Héritiers. Les étudiants et la culture*, Paris, Éd. de Minuit.

- COMMISSION MONDIALE SUR L'ENVIRONNEMENT ET LE DÉVELOPPEMENT, 1989, *Rapport Brundtland. Notre avenir à tous*. Québec, Canada : Éditions du Fleuve/Les Publications du Québec.

- EKANZA Simon-Pierre, 2014, *L'Afrique et le défi du développement. Des indépendances à la mondialisation*, Paris, L'Harmattan.

- FREIRE Paulo, 2007, *La educacion como practica de la libertad*, Mexico: Siglo XXI (*Adéquations*, « Les acteurs du développement durable », 2008).

- GLOBAL COMPACT. NETWORK FRANCE, *Les 17 Objectifs de Développement Durable et leurs 169 cibles*, https://www.globalcompact-france.org/images/un_global_compact/page_odd/Liste_des_17_ODD_et_169_cibles_-_web.pdf

- HOUPHOUËT N'Guessan Alain, ASSALE Aka-Bwassi Dominique, 2000, *Comment sortir ensemble de la pauvreté ou La bonne nouvelle aux pauvres*, Abidjan, PUCI.

- NATIONS UNIES, 2015, *Transformer notre monde : le Programme de développement durable à l'horizon 2030*, Résolution adoptée par l'Assemblée générale le 25 septembre 2015.

- SEN Amartya, 2000a, *Un nouveau modèle économique. Développement, Justice, Liberté*, Ed. Odile Jacob, Paris.
- SEN Amartya, 2000a, *Un nouveau modèle économique. Développement, Justice, Liberté*, Paris Ed. Odile Jacob.
- WEBER Max, 1995, *Économie et société*, tomes 1 et 2, Pion.

2. Sur la géopolitique et la géostratégie

- DUMONT René, 1962, *L'Afrique noire est mal partie*, Paris, Éditions du Seuil.

- DUMONT René, 1980, *L'Afrique étranglée. Zambie, Tanzanie, Sénégal, Côte-d'Ivoire, Guinée-Bissau, Cap-Vert*, Éditions du Seuil.

- HAREL Xavier, 2006, *Afrique, pillage à huis clos : comment une poignée d'initiés siphonne le pétrole africain,* Paris, Fayard.

- N'DA Paul, 2017, *Sociologie politique : pour comprendre ce qui se joue, se décide et se passe ici et ailleurs, avec sa géométrie variable*, Paris, L'Harmattan.

- N'DA Paul, 2017, *Société, Acteurs et Historicité. Dans la tradition africaine d'alliances à plaisanterie, de proverbes et de contes*, Paris, L'Harmattan.

- PISON Gilles, « Tous les pays du monde (2019) », 2019, *Population & Sociétés*, n°569, pp.1-8.

3. Sur l'éducation

- BAUDELOT Christian et ESTABLET Roger, 1975, *L'école primaire divise*, Paris, Maspero.

- BOURDIEU Pierre et PASSERON Jean-Claude, 1964, *Les Héritiers. Les étudiants et la culture*, Paris, Éd. de Minuit.

- BOURDIEU Pierre et PASSERON Jean-Claude, 1970, *La Reproduction. Éléments pour une théorie du système d'enseignement*, Paris, Éd. de Minuit.

- KANVALY Fadiga, 1981, « A qui profitent nos écoles ? », in *Annales de l'Université d'Abidjan*, Série F, Tome IX, Abidjan.

- KOUAKOU Oi Kouakou Benoît, 2016, *La réussite paradoxale à l'école. Quand réussissent des élèves africains qui avaient peu de chance de réussir*, Paris, L'Harmattan.

- MEIRIEU Philippe, 1997, « Quelles finalités pour l'éducation et la formation ? », *Sciences humaines,* n°76, p. 30-35.

4. Sur la santé

- GBADAMASSI Falila, 2019, « Ces présidents africains qui préfèrent se faire soigner à l'étranger », https://www.francetvinfo.fr/monde/afrique/politique-africaine/ces-presidents-africains-qui-preferent-se-faire-soigner-a-letranger_3233135.html

- ORGANISATION MONDIALE DE LA SANTE, 2018, *État de la santé dans la région africaine de l'OMS :*

analyse de la situation sanitaire, des services et des systèmes de santé dans le contexte des objectifs de développement durable, Bureau régional de l'Afrique de l'OMS, Brazzaville.

- SOUARE Issaka, 2019, « L'éternelle hospitalisation des dirigeants africains à l'étranger », https://www.wathi.org/debat_id/systemes-de-sante/contributions-systemes-de-sante/leternelle-hospitalisation-des-dirigeants-africains-a-letranger/

5. Sur l'industrialisation

- JACQUEMOT Pierre, 2018, « L'industrialisation en Afrique en question. Des désillusions à un nouveau volontarisme, *Afrique contemporaine*, N° 266, p. 29-53.

- JACQUEMOT Pierre, 2020, « Les questions clés des politiques dans l'industrialisation africaine », *Secteur Privé & Développement*, https://blog.secteur-prive-developpement.fr/2020/11/10/les-questions-cles-des-politiques-dans-lindustrialisation-africaine/

6. Sur la recherche scientifique

- BABO Alfred, 2020, « L'Afrique doit s'émanciper pour mettre en avant sa propre recherche scientifique », https://www.lemonde.fr/afrique/article/2020/05/10/coronavirus-l-afrique-doit-s-emanciper-pourmettre-en-avant-sa-propre-recherche-scientifique_6039237 _3212.html

- BAUMARD Maryline, 2020, « Sciences : l'Afrique, un laboratoire en devenir », https://www.lemonde.fr/afrique/article/2020/06/07/sciences-l-afrique-un-laboratoire-en-devenir_6042069_3212.html

- KAZANCIGIL Ali, 1998, « Gouvernance et science : modes de gestion de la société et de production du savoir empruntés au marché », *Revue internationale des sciences sociales*, n° 155, pp. 73-84

- LAWAL Hamzat, 2020, « COVID-19 : Une nouvelle approche contre la malversation de l'aide en Afrique », https://www.fes.de/fr/section-afrique/nouvelles-de-la-section-afrique/covid-19-the-new-approach-to-safeguarding-aid-money-in-africa

- MVÉ-ONDO Bonaventure, 2004, « Quelle science pour quel développement en Afrique », *Hermès*, n°40 pp. 210-215

7. Sur la société

- DURKHEIM Émile, 1897, *Le Suicide. Étude de sociologie*, Paris, Félix Alcan.

- KOUAKOU Oi Kouakou Benoît, 2018, « Le discours de la vie sociale dans la communication par les proverbes, les contes et les chansons chez les Agni de Côte d'Ivoire », *Mosaïque. Revue interafricaine de Philosophie, Littérature et Sciences humaines,* n°21, pp. 51-77.

- N'DA Paul, 2017, *Alliances à plaisanterie, proverbes et contes en Afrique de la tradition. Pour une société d'entraide, de solidarité et de justice,* Paris, L'Harmattan.

- PARSONS Talcott, 1951, *The Social System,* New York, The Free Press.

8. Sur le réveil, la révolte et l'action stratégique

- ADIAFFI Jean-Marie, 1980, *D'éclairs et de foudres*, Abidjan, CEDA.

- BAJOIT Guy, 2010, *Socio-analyse des raisons d'agir. Études sur la liberté du sujet et de l'acteur*, Québec, Presses de l'Université Laval.

- CAMUS Albert, 1951, *L'homme révolté,* Paris, Gallimard.

- CESAIRE Aimé, 1963, *La tragédie du roi Christophe*, Paris, Présence Africaine.

- DÉTIENNE Marcel et VERNANT Jean-Pierre, 1974, *Les Ruses de l'intelligence : la Mètis des Grecs,* Paris, Flammarion.

- FREIRE Paulo, 2007, *La educacion como practica de la libertad,* Mexico, Siglo XXI.

- GAMBOTTI Christian, 2014, « Afrique : le grand réveil », *Géoéconomie - Éditions Choiseul*, 3 n° 70, pp. 71-84

- GLOBAL COMPACT. NETWORK FRANCE, *Les 17 Objectifs de Développement Durable et leurs 169 cibles,* https://www.globalcompact-france.org/images/un_global_compact/page_odd/Liste_des_17_ODD_et_169_cibles_-_web.pdf

- JOAS Hans, 1999, *La créativité de l'agir,* Paris, Éditions du Cerf.

- KOUAKOU Oi Kouakou Benoît, 2021, *Le métier d'Homme. Pour la formation, l'éducation, le développement intégral des jeunes et des acteurs sociaux*, Paris, L'Harmattan.

- MALION Chantal, 2017, *Oser pour l'Afrique*, Paris, L'Harmattan.

- N'DA Pierre, 1984, *Le conte africain et l'éducation,* Paris, L'Harmattan.

- NATIONS UNIES, 2015, *Transformer notre monde : le Programme de développement durable à l'horizon*

2030, Résolution adoptée par l'Assemblée générale le 25 septembre 2015.

- OUOLOGUEM Yambo, 1968, *Le devoir de violence*, Paris, Seuil.
- PIRNAY Laurent, 2015, *Albert Camus, le goût de la révolte*, Centre d'Éducation Populaire André GENOT
- TOURAINE Alain, 1984, Le retour de l'acteur, Paris, Fayard

9. Sur la jeunesse et la déviance juvénile

- ASCAD, 2019, *Face au problème de la violence en milieu universitaire ivoirien*, Paris, L'Harmattan
- BAUDELOT Christian et ESTABLET Roger, 2007, « Une jeunesse en panne d'avenir », COHEN Daniel (dir.), *Une jeunesse difficile*, Éditions de la rue d'Ulm.
- DURKHEIM Émile, 1997, *Le Suicide, Étude de sociologie*, Presses universitaires de France, coll. Quadrige (1re éd. 1897)
- MOLTESS Anne, KOUAME Séverin, 2017, *Exister par le ghonhi, Engagement des adolescents et jeunes dits 'microbes' dans la violence à Abobo (Abidjan, Côte d'Ivoire)*, UNICEF
- ROUGIER Stan, 1994, *Attentes des jeunes*, Éditions Le Livre ouvert
- STELLINGER Anna, dir, 2008, *Les jeunesses face à leur avenir. Une enquête internationale*, Paris, Fondation pour l'innovation politique.

Table des matières

Structures éditoriales du groupe L'Harmattan

L'Harmattan Italie
Via degli Artisti, 15
10124 Torino
harmattan.italia@gmail.com

L'Harmattan Hongrie
Kossuth l. u. 14-16.
1053 Budapest
harmattan@harmattan.hu

L'Harmattan Sénégal
10 VDN en face Mermoz
BP 45034 Dakar-Fann
senharmattan@gmail.com

L'Harmattan Cameroun
TSINGA/FECAFOOT
BP 11486 Yaoundé
inkoukam@gmail.com

L'Harmattan Burkina Faso
Achille Somé – tengnule@hotmail.fr

L'Harmattan Guinée
Almamya, rue KA 028 OKB Agency
BP 3470 Conakry
harmattanguinee@yahoo.fr

L'Harmattan RDC
185, avenue Nyangwe
Commune de Lingwala – Kinshasa
matangilamusadila@yahoo.fr

L'Harmattan Congo
67, boulevard Denis-Sassou-N'Guesso
BP 2874 Brazzaville
harmattan.congo@yahoo.fr

L'Harmattan Mali
Sirakoro-Meguetana V31
Bamako
syllaka@yahoo.fr

L'Harmattan Togo
Djidjole – Lomé
Maison Amela
face EPP BATOME
ddamela@aol.com

L'Harmattan Côte d'Ivoire
Résidence Karl – Cité des Arts
Abidjan-Cocody
03 BP 1588 Abidjan
espace_harmattan.ci@hotmail.fr

L'Harmattan Algérie
22, rue Moulay-Mohamed
31000 Oran
info2@harmattan-algerie.com

L'Harmattan Maroc
5, rue Ferrane-Kouicha, Talaâ-Elkbira
Chrableyine, Fès-Médine
30000 Fès
harmattan.maroc@gmail.com

Nos librairies en France

Librairie internationale
16, rue des Écoles – 75005 Paris
librairie.internationale@harmattan.fr
01 40 46 79 11
www.librairieharmattan.com

Lib. sciences humaines & histoire
21, rue des Écoles – 75005 Paris
librairie.sh@harmattan.fr
01 46 34 13 71
www.librairieharmattansh.com

Librairie l'Espace Harmattan
21 bis, rue des Écoles – 75005 Paris
librairie.espace@harmattan.fr
01 43 29 49 42

Lib. Méditerranée & Moyen-Orient
7, rue des Carmes – 75005 Paris
librairie.mediterranee@harmattan.fr
01 43 29 71 15

Librairie Le Lucernaire
53, rue Notre-Dame-des-Champs – 75006 Paris
librairie@lucernaire.fr
01 42 22 67 13

www.ingramcontent.com/pod-product-compliance
Lightning Source LLC
LaVergne TN
LVHW051014051026
849532LV00004BA/1206